「いのち」の輝き

―もうひとつの親鸞論―

早川顕之

永田文昌堂

はじめに

今、あらためて二葉憲香先生のことが脳裏をかすめます。

先生にはじめてお会いしたのは、龍谷大学三年の「日本仏教史」の講義でした。その「資料集」一冊を携え、滔々と講義くださるお姿に感動を覚えたことでした。先生は肺を患っておられ、その病が再発されたこともあって、講義を受けたのは前期だけだったと記憶しております。今から五十五年も前のことです。

その感動がご縁で、先生の著作に触れさせていただくようになりました。先生は、病床にあられてふと気づいたといわれる「我がいのち／我がいのちにあらず」の至言が思いおこされます。

ではなぜ「私」という存在があるのか？　そのことについて先生は

我をこえる思議すべからず形成力によって今、私があるんです。では、そういう形成力をもった者はどこにいるのかというと、どこにもいない。だから無であり、空なんです。

もちろん見たり、つかんだりすることはできません。しかし、そういう不思議な形成力がなければ、私は存在しない。私だけでなく宇宙全体が存在しない。（中略）

人間の認識をこえた不思議なはたらきにめざめて自我から解放せられ、すべてのいのちを尊ぶ実践をめざすというのが、さとりなんです。そのことに目覚めれば、一切は平等であり、人間だけの命が尊いわけでなく、まして昔いっていたように天皇の命がとくに尊くもなく、みんな不思議な生命を与えられているのです。いいかえれば「真理」が姿をあらわしているのです。

私もそうですし、あなたもそうです。だからあなたはあなたで如来、真理が姿をあらわしているのだから、私も如来です。

と、『龍谷』二十七号の「無我―人間中心主義の根源的否定」のなかで述べてくださっています。先生の仏教理解や、親鸞論に深い感銘を覚えたことでした。先生の御著書をとおしてお育てをいただくなかで、市井にあって、親鸞聖人の宗教的核心に逢着くださってある先達にもあわせていただきました。

そのお一人に俳諧の人・小林一茶があります。一茶は、信州・柏原の地に生まれ、江戸後期(一七六三～一八二八)を生きた人で、六十五歳で今生を終えます。法名は「釈一茶不退位」です。法名からも伺うことができますように、一茶は篤い真宗門徒でした。したがって、彼の句の多くは信仰表白の句なのです。

江戸期の真宗は、今もそうですが、「死後の往生浄土」を目的とします。しかし、一茶にはそこに安住する句は見あたりません。縺れた糸をときほどくように「いのち」の事実に肉薄し、「真宗」の本来に回帰しておられるのです。

その視座は、島根県温泉津に育った妙好人「浅原才市」翁にも窺うことができます。お育てをいただきました。また、飛驒・高山に生を受け、四肢切断という障害を背負い、その事実を念仏によって生きぬき・生き終えた「中村久子」さん。その苛酷なハンディを「善知識」といただくことができたお念仏のうけとめのありように、ただ〳〵頭をたれるばかりです。そして山口県仙崎の地にあって念仏に育まれた「金子みすゞ」さんなどの先達に遇わせていただきました。

そこに通底するものは、真宗教団に受け継がれている後生を一大事とする信仰的立場ではなく、それは、あらゆる人々の上に・一切の衆生の上に、平等に「いのちの輝き」を見いだす如来の人間観・衆生観に目覚めしめられ、そこを立場としての新たな生き方があるのです。いわば「もうひとつの親鸞論」なのです。

先達のお育てをいただきながら、寺報「浄蓮寺通信」を発刊させていただきました。この書に掲載したものはその寺報に載せたものです。長期にわたっておりますから重複した箇所は申すまでもなく、文語体も交じっておりますが、そのまま掲載させていただきました。

この書の表題は、感銘を受けた先達の領解を通底する「いのちの輝き」・「もうひとつの親鸞論」の語をいただいて表題とさせていただきました。

目次

「いのち」の輝き

——もうひとつの親鸞論——

一　煩悩具足の如来なり

昨年（二〇一二）は、親鸞聖人没後七五〇年。親鸞聖人のご師匠さんである法然上人も、没後八〇〇年という記念すべき年でした。

お二人の歳の差は四〇歳。ご周知のとおり親鸞聖人は九〇歳で亡くなりました。法然上人は八〇歳でしたから、親鸞聖人のご往生は、法然上人が亡くなってから丁度五〇年経過していたことになります。

この記念すべき時は、「原発問題」、学童らの「いじめ問題」、職場における「パワハラ」、親の子らへの「虐待《ぎゃくたい》」、一般人の身勝手で短絡《たんらく》な「殺人」等々の問題が惹起《じゃっき》しています。これらの問題を見すえながら、このときを機縁《きえん》に法然上人・親鸞聖人がお示しくださった「ご法儀」を学ぶ出発点にさせていただかなければ、と思うことしきりです。

お二人がこの国にもたらされた最大の功績《こうせき》は、何といっても仏教を一般の生活者であるわれわれ民衆のうえに開顕《かいけん》してくださったことにあると思います。

それまでの仏教は、「煩悩を滅却《めっきゃく》して悟《さと》りを得る」ことがテーマでした。煩悩が修行によって滅却できるか否かは別問題として、そのためには家族との生活や社会との関係すべてを断ち切り、山に籠《こも》ってハードな修行をしなければなりません。そのような仏教を「出家仏教」といいますが、法然上人・親鸞聖人以前の仏教は、民衆にとっては無縁のものでした。お二人の出現によって、はじめてこの国の民衆に仏教がもたらされることになったのです。

◆○◆

法然上人が「念仏」を選びとってくださったのは、人間の持つすべての能力主義を否定された結果でした。能力主義に立つかぎり、能力を待たないものは救い

からもれます。法然上人が前提《ぜんてい》とされたものは、

平等の慈悲に催《もよお》されて、普《あまね》く一切を摂《せっ》せんがために

と、ご自身の著書『選択本願念仏集』の冒頭《ぼうとう》に立脚点を示しておられます。「普く一切を摂せんがために」とは、一人残らず救われるということです。一人残らず救われる道は、能力を待たないものも可能でないと一人残らずということにはなりません。

法然上人のすごさは、一人残らずという前提に立ちつくされたことにあると思います。その道こそが、阿弥陀仏が選びとってくださった「称名念仏」の一行だったのです。

「なんまんだぶつ」と称える念仏は、病床にある人であっても可能な行です。阿弥陀仏が選びとってくださった「称名念仏」であるがゆえに、他の諸行《しょぎょう》は不用なのです。「念仏も大切」ではなく、「念仏こそ大切」であり、「念仏のみ大切」

といい切っていかれるのです。したがって、法然上人の念仏は「専修念仏《せんじゅねんぶつ》」といわれる所以《ゆえん》がそこにあるのです。

かって、京都に市電が走っていたころ、東山に「百万遍《ひゃくまんべん》」という電停がありました。「百万遍」は知恩院の通称だそうですが、「百万遍の念仏」という意味は、念仏をより多く称えれば称えたほど、来世の浄土往生は確《たし》かなものになるんだという思いが大きく広がっていたことがうかがえます。

私が称《とな》える念仏（口称念仏《くしょうねんぶつ》）であれば、「私は何遍称えたよ！」と数を誇《ほこ》る意識が頭をもたげて来ます。同時に、「一心腐乱《ふらん》に称えた念仏でなければだめ！」といった思いも…。

一人残らず救うと誓ってくださった念仏なのに、どうしてもわが行業（口称念仏）にとらわれ、条件がつけられていきます。そして、人に優劣《ゆうれつ》をつけるのです。「平等の慈悲に催《もよお》されて」の称名念仏であったはずなのに、人の行業《ぎょうごう》をくぐるとき、いつしか差別の道具にすりかわっていくのです。

法然上人の「専修念仏《せんじゅ》」は、一般民衆にはじめて受け入れられた仏教ではありましたが、人の我執の深さに完結《かんけつ》とはなりませんでした。悲しいほどに我執の深さを思うことです。

◆○◆

周知のように、法然上人は、親鸞聖人にとって面授《めんじゅ》の本師《ほんし》です。親鸞聖人は『高僧和讃《こうそうわさん》』に

智慧光のちからより
本師源空あらはれて
浄土真宗をひらきつつ
選択本願《せんじゃくほんがん》のべたもう

と、法然上人について和讃されております。このご和讃からもうかがえますよう

に、「浄土真宗」は親鸞聖人にとっては法然上人がひらいてくださったという思いがあるのです。したがって、法然上人と親鸞聖人はまったく一枚であって、違いはないのかというと、大きく展開くださった新たな立場があるのです。

法然上人は、「偏依善導《へんねぜんどう》」といわれるほどに、善導大師《だいし》（中国）を師と仰《あお》がれ、「専修念仏」のよりどころとされているのです。その意味では、善導大師と法然上人は念仏の受けとめにおいては一枚なのです。

念仏といいますと、すぐに「称える念仏」が頭に浮かびますが、念仏はそれだけではありません。『観無量寿経』に説かれてあるように、仏や浄土を思い浮かべる「観相《かんそう》の念仏」もあったのです。念仏は文字どおり「仏を念《おも》う」と書きますから「観相の念仏」が主流でした。

しかし、普通の暮らしの中で、一般民衆にとって、仏や浄土を観相する環境や時間をもつことなど不可能です。たとえそんな条件が整《ととの》ったとしても、心を静め、思いを仏や浄土へ傾注《けいちゅう》することなど至難《しなん》のことがら、凡愚《ぼんぐ》の身においてはなおさらです。

「称名念仏《しょうみょうねんぶつ》」は凡愚の身にも可能であり、「称名念仏」こそ往生浄土への正定《しょうじょう》の業であると善導大師は説かれるのです。『正信偈』に

善導独明仏正意

（善導独《ひと》り仏の正意《しょうい》をあきらかにせり。）

と、親鸞聖人が善導大師をたたえられているのはその意味なのです。

◆○◆

その善導大師が『往生礼讃偈《おうじょうらいさんげ》』に

前念命終《ぜんねんみょうじゅう》、後念即生《ごねんそくしょう》

（前念に命終《みょうじゅう》し、後念にすなはちかの国に生《しょう》ず。）

と述べておられます。前念・後念は、「命終」の時の前・後という意味で、「念仏

の行者は、いのち終わったなら、ただちに浄土に生まれるのです。」と示されています。

親鸞聖人は、善導大師のこの「前念命終、後念即生」のお言葉を『愚禿鈔（ぐとくしょう）』に引用して

本願を信受《しんじゅ》するは、前念命終なり。

即得往生《そくとくおうじょう》は後念即生なり。

と受けとめかえられているのです。

善導大師は往生の時を「命終」においておられるのですが、親鸞聖人は如来本願にうなずいた時、すなわち、今生における「信心獲得《しんじんぎゃくとく》」の時が往生なのです。善導大師、そして「偏依善導」といわれた法然上人も、来世の浄土への往生で目的はすべて完結するのです。しかし、親鸞聖人の念仏の受けとめは、浄土への往生が目的ではなかったのです。

親鸞聖人の念仏は、私への弥陀仏のさけび・呼びかけの声なのです。そのことを『浄土和讃』に、

○真実明《しんじつみょう》に帰命《きみょう》せよ
○平等覚《びょうどうがく》に帰命せよ
○難思議《なんじぎ》を帰命せよ
○畢竟依《ひっきょうえ》を帰命せよ
○大応供《だいおおぐ》を帰命せよ

といわれ、弥陀仏のさけび・呼びかけは、必死さゆえに「帰命せよ」「帰命せよ」と命令形なのです。

念仏の声＝弥陀仏の必死な呼びかけの声に耳を傾け、聴聞《ちょうもん》する身になったなら、いかなる世界が開けてくるのか、それを『正信偈』に、

能発一念喜愛心、不断煩悩得涅槃

（よく一念喜愛《いちねんきあい》の心を発《ほっ》すれば、煩悩を断《だん》ぜずして涅槃《ねはん》を得るなり。）

惑染凡夫信心発、証知生死即涅槃

（惑染《わくぜん》の凡夫《ぼんぶ》、信心を発すれば、生死すなはち涅槃なりと証知《しょうち》せしむ。）

と明言されるのです。

親鸞聖人は、『唯信鈔文意《ゆいしんしょうもんい》』に「涅槃」のこのことばを釈《しゃく》されて、

「涅槃」をば滅度《めつど》という、（中略）仏性《ぶっしょう》といふ。仏性すなはち如来なり。この如来、微塵世界《みじんせかい》にみちみちたまえり、すなはち一切群生海《ぐんじょうかい》の心なり。

といわれ、一切群生海のいのちの存在を「煩悩具足の如来」と見出してくださっていたのです。その事実を知らしむることばが「南無阿弥陀仏」だったのです。

◆○◆

親鸞聖人は、弥陀仏の必死な呼びかけの声（先達の念仏）にもようされ、如来の真実心に耳を傾《かたむ》ける身になったなら、

かならずもとめざるに無上の功徳を得しめ、しらざるに広大の利益を得るなり。

とも『一念多念証文《いちねんたねんしょうもん》』において述べておられます。「無上の功徳」「広大の利益」とは、如来の徳のことです。その徳は、求めようが・求めまいが、自覚・無自覚を超えてこの身にたまわっているのだ、と。

聴聞によって、いつしか弥陀仏の呼びかけにうなずく身になったそれを「信心を得」といい、そのまま、如来の大悲を行じようとする身に転ぜられていくのです。

もし、弥陀仏の呼びかけにうなずくことがなかったなら、自己の主観・感情のおもむくままに生きるしか道がありません。自己の主観・感情は、わが思いを正義としますから、わが思いに背くものは排除していきます。

冒頭にも記しましたが、この世は身勝手な主観・感情の渦巻《うずま》く「五濁悪世《ごじょくあくせ》」。

わが思い（主観・感情）はつのります。そして、エスカレートしていきます。わが思いが結果したものは地獄絵図《じごくえず》ばかりです。

わが心の内側に、わが思い（主観・感情）ではないもう一つの心、すなわち如来の願心が「信心」として成立しなかったなら、つのった思いはひるがえされること（廻心《えしん》）はないのです。したがって、地獄からの解放は、あろうはずもないことです。

石見の地にはぐくまれ、念仏に生きた浅原才市さんの次の詩は、そのことを見事に物語っております。

なむあみだぶの不思議力、
わがぐちがなむあみだぶと、かわるうれしさ。

（63号　二〇一二・十一・四　発行）

二　さるも来よ！

三歳になったばかりの孫娘が、自分で作ったおとぎ話をしてくれます。少し前までは、

昔々、あるところにおじいさんとおばあさんが住んでいました。おばあさんは買い物に出かけました。おじいさんは卓球に行きました。終わり！。と。我々老夫婦の生活ぶりをそのように見ていたのでしょう。最近では、

昔々、あるところにおじいさんとおばあさんは住んでいませんでした。終わり！。

と、簡略にして話しております。おじいさんとおばあさんへの関心が、少々下降気味になったのかもしれません。

どうして、そんなおとぎ話を創作して話すようになったかは定かではありませんが、おそらく何らかのおとぎ話の本を読んでもらったことがあるのだと思います。たわいもないこんな内輪の話からはじめましたのは、小林一茶の『桃太郎』のおとぎ話を題材にした、感情を超える凄《すご》い句があります。それを紹介したかったからなのです。

◆
○
◆

その句は

さるも来よ／桃太郎来よ／草の餅

という句です。

昔々、あるところにおじいさんとおばあさんが住んでおりました。おじいさんは山へ柴刈りに、おばあさんは川へ洗濯に。川上から桃がどんぶらこ・どんぶらこ。おばあさんはその桃を持ち帰り、割ってみますと、桃の中から桃太郎が！。

成長した桃太郎は、いぬ・さる・きじという最強の軍団を擁して鬼ヶ島の鬼退治。いぬ・さる・きじの活躍で見事に勝利します。戦利品も山ほどかかえて凱旋《がいせん》帰国《きこく》。めでたし・めでたし。というあの『桃太郎』というおとぎ話がこの句の下敷きです。

神楽における大蛇を討ち取る話も、この『桃太郎』の鬼退治も、共に攻められなければならない理由は不明です。おそらく、どちらも強者の一方的な侵略行為だと思われます。

一方、桃太郎軍によって、鬼ヶ島は無惨《むざん》きまわりない状態。鬼たちの気持ちは、察するに余りがあります。戦利品まで奪い去られたのですから…。

「煮えくり返る」ということばがありますが、鬼たちの心の内っ側は間違いなくそうだったと思います。その感情の底には消すことのできない「恨《うら》み」が残ります。

◆〇◆

「恨み」をテーマに、起こった事件がご存知の「忠臣蔵」です。

元禄十四年（一七〇一年）三月十四日、浅野内匠（あさのたくみのかみ）は、江戸城・松の廊下で吉良上野介（きらこうずけのすけ）に切りかかるのです。江戸城では、朝廷の使者を接待している真っ最中。そんな中での刀傷《とうしょう》事件に及んだ浅野に対し、第五代将軍・徳川綱吉は激怒《げきど》。幕府は、浅野内匠頭へ即日切腹を言いつけます。加えて播州浅野家はお家断絶。赤穂城も幕府へ明け渡しになりました。

吉良上野介は朝廷の筆頭の接待役。浅野内匠頭は吉良の補佐役という間柄にありました。殿中で刃を抜くことはご法度。その禁を犯してまでことに及んだのはよほどの「嫌《いや》がらせ」があったであろうと推測されておりますが、史実の上では、その理由は明らかではありません。

浅野家再興の道がすべて閉ざされますと、筆頭家老の大石内蔵介（おおいしくらのすけ）らは吉良邸の「討ち入り」を決定します。最終的に残ったのは「四十七士」。綿密な計画のもとに吉良邸への「討ち入り」が決行されたのは、明くる元禄十五年（一七〇二年）十二月十四日（旧暦）でした。

この事件は、史実の上では「元禄赤穂事件」と言われているのですが、それを「忠臣蔵」といわれるほどに、主君の無念を晴らす家臣たちの「忠義」を評価されてのものなのです。

「忠臣蔵」は映画やテレビで幾たびも制作され、上映されてきましたし、今日でも日本人の心に肯定的に受け入れられているようです。

「忠臣蔵」が、如何に日本人の心情に合致するものだとしても、それは「仇討《あだう》ち」であり、「殺人」です。言い方を変えれば「報復テロ」なのです。キリスト教社会とイスラム教社会における終わりなき悲惨極まりない「報復合戦」が、重なり合って想起されます。

◆○◆

ご存じないかもしれませんが、実を申しますと鬼ヶ島の鬼たちは浄土真宗のご門徒だったのです。どの家にもお仏壇があり、ご本尊（南無阿弥陀仏）がご安置されております。

お寺でご法座が開かれますと、聴聞を欠かすことはありません。お寺の掲示板にはいつも墨書された仏語があります。今は、親鸞聖人が八十五・六歳ころに著された『愚禿悲嘆述懐和讃《ぐとくひたんじゅっかいわさん》』の

無慚無愧《むざんむぎ》のこの身にて
まことのこころはなけれども
弥陀の回向の御名なれば
功徳は十方にみちたまふ

と述懐されたご和讃が墨書されております。

「慚」も「愧」も「恥じる」という意味です。自己を問い返し、恥じることのできる「まことのこころ」はこの身にはありません。あるのは「いかり・腹立ち・ねたみ・そねみ」といった感情がストレートです。そして、その感情は増幅されていきますから幾たびも心の中で「殺人」を犯したことか…。

前述したように、このたびの桃太郎たちの暴挙《ぼうきょ》は「煮えくり返る」ほどの腹立ちでした。感情のままに生きたら「仕返し」しかありませんし、「殺人」へ直結していきます。

しかし、聴聞が、感情を超えてもうひとつの道の存在を教えてくれます。それは「弥陀の回向」ということです。「回向」について、

「回向」は、本願の名号をもって十方の衆生にあたえたもうみのりなり。

(一念多念証文)

と。一人残らず平等に阿弥陀如来から与えられた功徳があるのです。われわれの側からいえば、もらったものがあるのです。

阿弥陀如来からもらったもの、たまわった功徳とは、阿弥陀如来と等身大の徳であり、自覚・無自覚を超えてすでに「阿弥陀如来」をいただいているのです。「南無阿弥陀仏」は、そのことを知らしむる必死な叫びなのです。

温泉津の浅原才市は、そのことを

ええなぁ　世界虚空がみな仏　わしもそのなか　なむあみだぶつ

と詠んでいます。聴聞を重ねることによって学びえたもの、それは、いかなる立場にある人であっても、その人の「いのち」を奪ったり、人格をおとしめたりする主義・主張はあってはならない、ということです。

鬼たちの聴聞は、「恨み」のこころを次第に和らげ、桃太郎たちこそお念仏の道へ近づいてほしい、という「願い」へ誘《いざな》われていきました。

◆○◆

噂《うわさ》の話ですが、桃太郎たちが奪いとったあの戦利品の中に、鬼ヶ島のお寺から発行されている「寺報」の綴りがあったそうです。仏法とは全く無縁の世界にあった桃太郎たちですから、はじめて目にする「寺報」に興味津々、むさぼるように読んだそうです。

鬼ヶ島にもいつしか春が訪れてきました。鬼たちは、芽吹いてきた柔らかな春の芽を摘《つ》んで「もち」をつきました。桃太郎のそんな噂話を耳にした鬼たちのひとりに、ふとある思いがよぎり、

さるも来よ／桃太郎来よ／草の餅

と、句を詠みました。これが小林一茶のおとぎ話「桃太郎」の完結編です。

めでたし・めでたし。

（73号　二〇一六・四・十 発行）

三　介護と仏参と

「やっぱり弱ったねぇー」。

三度目の脳梗塞から生還し、五ヵ月ぶりに帰宅した母の第一声であった。それ以前の生活のありようを思い出してのことであろう。

それでも、杖をついてであるが、自分の部屋から台所まで歩いてきて食事をし、ポータブルを利用してではあるが、トイレも自分で用を足している。そして、三度目の脳梗塞になる前と同じように週三回、火・木・土と隔日に夫婦揃って介護施設のデー・サービスのお世話になっているのである。

「やっぱり弱った！」と嘆くのは、脚力の衰えはいうまでもなく、三十四〜五キロにやせ細った体重が、本人にとっては耐えがたいほどに重いのであろう。

デー・サービスに行かない日は、本堂へのお参りがリハビリである。自分の部屋から本堂までは相当の距離である。左半身にマヒがあるので、右手に四つ脚のついた杖を持って、足を交互に引きずるようにして歩くのである。

「お華を生けたら、お参りしようよ！」

結果としてリハビリになるよう、重い身体と、気乗りのしない心を動かさなければならないのである。引きずるようにして歩く歩幅は、わずかに自分の足の大きさほど。

◆○◆

かって、岡部伊都子さんという作家が、「自分は、学歴がなくて病歴がある。」とおっしゃったが、大好きな言葉の一つである。病を経験し重ねるたびに、そして老いるにしたがって「花」に心が大きく傾くのである。

うっとうしい梅雨に咲くアジサイは、ことに美しい。そのアジサイを仏華にい

ただいて
「お華を生けたよ！」

と、リハビリを兼ねた仏参に誘うのである。

「アジサイは早朝に採ったほうがいいですよ。」

「アジサイは、水切りせんとダメですよ。」

と、アジサイにこだわって生けていたら、お参りくださった方達が、長持ちする方法を教えてくださった。

やっとの思いで本堂にたどり着き、椅子に腰を下ろすやいなや、お念仏が聞こえてくる。単なるリハビリではない、おのずからもれ出てくるお念仏は感動的である。

本堂のお荘厳を心ゆくまでながめ、仏参を終えてわが部屋へ向かうのだが、帰りは、途中の休憩が必要である。お参りするときは、心の中に描いているイメージが足を強くするのであろう。

母の退院を聞き及んで、親友のお一人・松尾照世さん（広島市在住）は
「考えれば考えるほど、本当に嬉しい御回復でございます。やはり浄蓮寺様だからこそと、あらためてお法のこと、思わせて頂きました。

もうリハビリに通っていらっしゃいます御様子、これも感服させて頂いております。私はすぐ大儀くなりまして…。御母上様のこと思い乍ら頑張るつもりでございます。」

と、ご自身も骨折の大病を担っておられながら、ありがたいお便りを寄せていただいた。

◆○◆

デー・サービスに通っていると、いつしか友達ができ、深いつながりが生まれていくようだ。昨日も、母と同じ病を背負い、身体の痛みを引きづっておられる

方から電話をいただいた。

「しんどいでしょうが、休まず通所しましょうね。そして話しましょう。お母さんにそう伝えてください。」

と。老いに加え、その上重い病を背負いながら、我が身の業苦だけでも難渋なのに、他者のそれを共有し、支えあい、励ましあい、尊びあっての生活ぶりなのである。「お浄土とはこんな世界を言うんであろう!」そう実感させられた。

高尾利数という、キリスト教神学の先生の『人間的生き方への出発』という著書の中に、

「人間的」という英語のhuman(ヒューマン)の語源は、ラテン語で「へそ」という意味だ。

と述べておられる(カッコ内は筆者)。続いて

私たちの生命そのものが、母親の生命とへその緒を通してつながり、母親

の生命に依存していたことを証明しています。ですから、わたしたちは自分のへそをじっと見るとき、自分の存在が他者とのかかわりの中から生じてきたのだということを思わざるをえないのです。

と。もっといえば、横並びの関係どころではない、育《はぐく》まれて存在している「この生命」なのである。中村久子さんの俳句から引用させていただけば、

生かされて／生きる命や／梅の花

なのである。（横線筆者）

◆○◆

昨年（二〇〇六年）孫が生まれ、一歳になった。親である娘に「おなかにいる赤ちゃんは、オシッコはどうするの？」と聞いてみた。「もちろんするんだそうよ！」との返答であった。

そのオシッコはどうなるのか？ということは聞きそびれていたのだが、高尾利

数先生の著書を読み進めていたら、母親のおなかの羊水は「海」のようなものだとあった。海に流れ入ったさまざまの川の水は、「潮《うしお》」という一味に転じられる。それと同じく羊水には、赤ちゃんのオシッコを、ちゃんと生活できる環境に変えていく働きがすでに備わっているということである。

仏教には、不可思議・不可説・不可称という言葉がありますが、まさにいいえて妙なる表現であります。事実、わたしたちが今日生けるものとしてあることは、汲めども尽きない不思議を宿しているのです。

とも高尾利数先生はおっしゃっている。

私の法話を聞かれ、「わが思いのまま（＝わがまま）に生きることがなぜ悪い！」と、ご高名な方から批判されたことがありましたが、そんな身が、いつしか他者の存在を無視することのない・排除でない・貶《おとし》めでない・イジメでない、共苦・共生・共感の「常行大悲」を行ずる身に必ず転ぜられる「不思議」を、一人残らず平等に宿しているのである。

何の気なしにつけていたテレビから、だれが詠まれたのかは聞きそびれたが、介護にかかわっての短歌がきこえてきた。

○時々泣いてもいいですか

難病の夫　守りて生きぬ

（50号　二〇〇七・八・十六　発行）

四　「回心」ということ

中村久子さんの著書『こころの手足』の中に

　極楽をねがふこころは更になし／ただうれしきは弥陀の名号

という和歌があります。「極楽をねがふ」とは、死後の浄土往生をねがうこと、そのような「こころは更になし」と言い切っておられるのです。中村久子さんにとっては「弥陀の名号」は、死後の浄土往生を呼びかける弥陀の声ではなかったのです。

どなたもその意味とその凄さを取り上げておられないように思います。分を超えるテーマですが、中村久子さんの「ただうれしきは弥陀の名号」についての私見を述べてみようと思います。

◆○◆

私は、中村久子さん（一八九七【明治三〇】年～一九六八【昭和四十三】年）にお会いしたことがあるのです。小学校五・六年ころ、昭和二十年代の後半だったと思います。三隅組に「仏教婦人会」が結成され、はじめての大会が当山で開催された折のこと、その時のご講師が中村久子さんだったのです。

その当時のお説教は「高座《こうざ》」でした。その高座に、ご主人の手を借り、座してお話しされた姿は、今でもよみがえってきます。中村久子さんのお話の中身については、全く記憶に残っていないのですが、なぜか「三重苦」ということばだけが記憶の中にあるのです。

大分ときが経過し、たまたま中村久子さんが話題になった折、脳裏をかすめたのは、当山で話されたその「三重苦」ということばでした。一つには「手がない！」ということ。二つには「足がない！」ということ。そこまでは思い出せたのですが、三つめが何であったか思い出せないのです。

それが了解できたのは、中村久子さんの著書によってでした。中村久子さんは飛騨の高山市の出身。足の霜焼《しもや》けがもとで「突発性脱疽《とっぱつせいだっそ》」という病を発症。両親の苦渋《くじゅう》の決断によって、三歳の時に両手両足を切断されるのです。成長するに従って、障害の重さは絶望の淵へ追い込んでいくのです。

「三重苦」の三つめがようやくにして了解できたのです。それは「死にたくても死ねない!」ということだったのです。「手がない!・足がない!」という障害は、生きる意欲を奪い取っていきます。そして、「死にたい!」という思いに引きずり込まれていくのです。しかし、それさえもさえぎるのです。「手がない!・足がない!」という障害は、綱があっても、そこへ行く足がない。たとえ綱のある場所へたどり着いたとしても、それを首に巻く手がないのです。苦悩の深さにことばを失います。

逃れることのできない「三重苦」に身を置きながら、そうであっても、彼女の生きようとする意欲と求道心には頭が下がります。その具体は『こころの手足』（中村久子・春秋社刊）にゆずりますが、真実に向かおうとするそれは、真人《しんじん》との邂逅《かいこう》を必然します。

◆○◆

その一人に、ご存知の「ヘレン・ケラー」（一八八〇【明治十三】年～一九六八【昭和四十三】年）があります。彼女は二歳弱のころに、高熱によって視力と聴力を失います。「見えない」「聞こえない」「話せない」だけでなく、「ことば」の存在さえも知りませんでした。

ヘレン・ケラーが七歳のとき、サリヴァン先生（当時二十二歳）が家庭教師として来訪。「ヘレンの奇跡」が起きるのです。サリヴァン先生によって、ヘレン・ケラーは「ことば」の存在だけでなく、「文字」の存在をも学びとっていくのです。そして、ことばを「声」にして話ができるようになるのです。遂には、ハーバード大学附属のラッドグリフ女子大学に入学、そして、優秀な成績で卒業するのです。

サリヴァン先生によって学び得たその「声」によって、アメリカ国内はもとより、世界の国々を歴訪。視聴覚障害者の福祉のために力を尽くしていきます。また、平和主義に立脚し、反戦運動にも力を尽くしていきました。

彼女は、日本にも三度来日されているのです。最初の訪日は、一九三八（昭和十二）年四月のことでした。東京・日比谷公会堂において二人は対面します。

「目が見えない・声が聞こえない」ヘレン・ケラー。「手がない・足がない」中村久子さん。ヘレン・ケラーは、自らの抱擁《ほうよう》によって、はじめて中村久子さんの身のありようを知るのです。

ヘレン・ケラーは「私より不幸な人、そして、私より偉大な人」と激賞《げきしょう》。中村久子さんは、自身の口を使って縫《ぬ》った日本人形をプレゼントします。一九三八（昭和十三）年、一九五五（昭和三〇）年と日本に来られた折にも、お二人はお会いされているのです。

◆○◆

中村久子さんは、『こころの手足』に

まずもって人間に生れさせて頂いたことを喜ばなければならんと思います。なぜならば人間であるがゆえに、真実の道も、真理を求めることも、体の如何を問わずできることでございます。

と。そして

たくさんの善知識の方によって教え導いて頂いたお蔭でここまで連れて来て頂きましたが、本当の善知識は先生たちではなく、それは私の体、「手足がないことが善知識」だったのです。悩みを、苦しみを、悲しみを宿業を通してお念仏させて、喜びに代えさせていただくことが、先生たちを通して聴かせていただいた正法。

親鸞聖人様のみ教えの〈たまもの〉と思わせていただきます。

と、述べておられます。中村久子さんのそのような必死な求道は、「ない、ない、ない」という「三重苦」から、「ある　ある　ある」という詩の世界へ大きく転ぜられていったのです。

ある　ある　ある

さわやかな
秋の朝
「タオル　取ってちょうだい」
「おーい」と答える

良人がある
「はーい」という
娘がおる

歯をみがく
義歯の取り外し
かおを洗う
短いけれど
指のない
まるい
つよい手が

何でもしてくれる
断端に骨のない
やわらかい腕もある
何でもしてくれる
短い手もある

ある　ある　ある

みんなある
さわやかな
秋の朝

◆
○
◆

中村久子さんの問題は、死後の「極楽」に往生することに収斂《しゅうれん》してすむ問題ではありません。今もそうですが、中村久子さんが耳にされたお説教は、ほとんどといっていいほど死後の「往生浄土」を説くお説教だったと思います。「ない、ない、ない」という「三重苦」を背負った「わが身」と、それにとらわれる「わが心」の問題。「救い」が死後の問題にされるとき、「わが身」と「わが心」は、「救い」とは無縁の境界へ放擲《ほうてき》されることになってしまいます。

「わが心」の問題を、わが思いでは問い返せません。もし、わが思いにとらわれたとしたら、誰かを恨《うら》み、憎《にく》しみに狂うか、自暴自棄《じぼうじき》に落ち込むしか方途《みち》がありません。

中村久子さんのすごさは、聴聞をとおし、たゆまぬ求道によって、もつれた糸を解きほぐすように、親鸞聖人の宗教的核心に逢着《おうちゃく》されていったのでした。

すなわち、如来と等身大の徳を、すでにたまわっている身と見いだしてくださった如来の人間観。その如来の人間観にわれわれ衆生がうなずくべく、「ことば」となったのが「弥陀の名号」（お念仏）なのです。

「お念仏」は弥陀の叫び、それは、「我あらざる如来の真実心を立場にせよ！」との必死な「叫び」・「呼び声」なのです。その「叫び」、その「呼び声」にうなずく身になった、それを「信心を得る」といい、そのことを「回心」というのです。「回心」のこころのさまを、

無碍光の利益より
威徳広大の信をえて
かならず煩悩のこほりとけ
すなはち菩提のみづとなる

と、親鸞聖人は和讃（『高僧和讃・曇鸞讃』）くださっております。

中村久子さんは、「手足がないことが善知識」と自身の身をいただき、

生かされて／生きるいのちや／梅の花

とも詠《よ》んでおられます。そして

聞かせて頂き、教えて頂いているお念仏をいつしか忘れて、人の悪口に、かげ口に、毎日起きてから寝るまで耳をはたらかせ、口を動かしている私。お念仏させて頂ける口を与えられていることを、聞かせて頂くことのできる耳が小さいながらもあることを喜ばせて頂かねばならぬと、深く深く教えられました。

中村久子さんは「弥陀の名号」に耳傾ける七十二年の生涯を、生き抜き・生き終えて逝《ゆ》かれました。

（70号　二〇一五・四・十二　発行）

五 「金子みすゞ」のトラベル日記

大　漁

朝焼け小焼けだ／大漁だ
大ばいわしの／大漁だ
浜はまつりの／ようだけど
海のなかでは／何万の
いわしのとむらい／するだろう

26歳の若さで逝った金子みすゞの「大漁」と題された詩です。彼女の視座には底抜けの「やさしさ」があります。金子みすゞが育ち・生きた「仙崎」に金子みすゞの心のふるさとを訪ねてみたい！そんな思いに駆られ、一日の小旅行を計画しました。

◆○◆

このような「募集要項」に賛同いただき、参加をご希望くださった方、二十七名。九月二十八日(土)は、前日の雨も上がり、当山から見渡せる日本海に、ひさかたぶりに仙崎沖の「見島」を見ることができました。「今日は晴れる！」と確信。出発は、手違いがあって遅れ、八時を回ってしまいましたが、ともあれ全員集合。バスは一路仙崎をめざして発進。

一九一号線の日本海の風景や「萩」の歴史など、ガイドさんの案内に、参加者の思いは次第に「金子みすゞさんはどんな人だろう？」「金子みすゞさんが生まれ育った仙崎はどんなところだろう？」と、この旅の趣旨に添うように関心が昂《たか》まっていきました。

遅れての出発でしたが、仙崎着は予定の時刻の十時半。最初に訪ねたのが「みすゞ館」（JR仙崎駅）でした。二十六年の短い人生でしたが、歴史に刻むように生きた彼女の遺品や写真が陳列されておりました。そして、言うまでもなく『金子みすず全集』や、彼女に関わる著書も販売されており、ある一冊を求めることにしました。「みすゞ館」を訪れることによって彼女に一歩接近した思いがしました。

◆○◆

遅れましたが、金子みすゞが生まれ育った「仙崎」（山口県長門市）の地を紹介しておきましょう。仙崎は日本海に面した港町。対岸には周囲四kmほどの「青海島」が浮かんでおり、日本海の荒波をさえぎる自然の防波堤。したがって「内海」と呼ばれる内側の海は波静かで、優れた漁港。また。近海には魚場があり、魚の産地として今もにぎわっております。

青海島の北側は、日本海の荒波によって浸食され、断崖絶壁・奇岩・怪岩などが連なる景勝地。幸いにも風もおさまり、海上アルプスともいわれるその景観を遊覧船で巡りました。穏やかな内海から外海へ出ますと波が違います。日本海の荒波によって造形されたさまざまな大自然の芸術「岩の美」をこの目で確かめることができました。所要時間は約一時間半ほどでした。

遊覧船が仙崎港に帰着した時はすでに正午をかなり過ぎており、早い朝食だったこともプラスして、食事が待ち通しいくらい。船着場近くの「よ志乃」というレストランで昼食をとりました。刺身・煮付けなど魚づくし…。

◆○◆

私たちは、金子みすゞの生まれ育った自然の景勝地「仙崎」の地を足早ではありますが見て回りました。次は金子みすゞのお墓のある「遍照寺」へ向かうのですが、その前に募集要項で紹介しました「大漁」の詩を思い起こしてください。

彼女には、私たちが当然のこととしている見方とは違うもう一つの眼があるのです。大漁という人間中心の立場にのみとらわれ、「まつり」にひたすら埋没するのが大方のありようですが、彼女の立場は、にぎわいの犠牲になり、振り返られることのない弱者への視座があり、自明とされているありようを突き崩す「底抜けのやさしさ」。その心に私たちは驚きを覚え、うなづきへといざなわれるのです。

彼女のもう一つの詩を紹介しましょう。

私と小鳥と鈴と

私が両手をひろげても
お空はちっとも飛べないが
飛べる小鳥は私のように
地面を速くは走れない

私が体をゆすっても
きれいな音は出ないけど
あの鳴る鈴は私のように
たくさんな唄は知らないよ
鈴と小鳥とそれから私
みんなちがって　みんないい

私たちは、人間（自己）中心の殻に閉じ込もり、その枠内でしか思考が働きません。その思考様式（自力）は、同調しないものに対する排除が必然します。なのに「みんなちがって、みんないい」と。また、こんな詩もあります。

蓮と鶏

泥のなかから／蓮が咲く。

それをするのは／蓮ぢやない。
卵のなかから／鶏がでる
それをするのは／鶏じゃない
それに私は／気がついた。
それも私の／せいぢゃない。

人間中心・自己中心の思考を突き抜けた金子みすゞの精神のありよう。どうしてそのような普遍的精神を形成しえたのか…。私たちは「遍照寺」へ急がなければなりません。

◆○◆

遍照寺の門をくぐると左手に墓地があり、その墓地のなかに「金子みすゞの墓」もありました。若いご院家さんが迎えてくださり、本堂へ。早速に「礼拝のうた」をお勤めした後、金子みすゞに関わってのご法話をいただきました。

金子家は遍照寺のご門徒。「みすゞさんは、お婆さんの後ろ姿を見て育ったんですよ」とのこと。「お仏壇」という詩に「朝と晩とにおばあさま、いつもお燈明あげるのよ」「朝と晩とに忘れずに、私もお礼をあげるのよ」と暮らしぶりを詠んでおりますが、伝統的真宗の家庭の様子がうかがえます。金子みすゞの普遍的精神は、ある日突然に成立するというようなことなどあろうはずもありません。やはりそこには「よき人」があり、「おばあさま」の生き方を通して、その根底に真宗の教えがあることを学びとり、「おばあさまのように生きたい！」という思いが起きたのでしょう。そんな心の営みが伝わってきます。

遍照寺の若いご院家さんのご法話を聴聞しながら、金子みすゞに学んでいこうという姿勢がうかがえ、ご院家さんにとって金子みすゞが「よき人」なんだなぁと思いました。

お念仏は「よき人」との出会いによって受け継がれてきたのですが…。あらためて私たち一人ひとりの存在意味の大きさを実感したことです。

◆　○　◆

時計はもう三時。名残惜しい仙崎を後にしなければならない時刻です。バスは萩市内にある「道の駅」をめざします。

後はおみやげを買い求めるのみ。ここは鮮魚をはじめ、魚関係の豊富な「道の駅」でした。買い求めたおみやげはいうまでもなく、それぞれの思い出をいっぱい乗せたバスは帰路を急ぎます。

道端に咲く彼岸花が車窓の風景に色をそえ、とても印象的でした。予定通り夕刻六時、全員無事に三隅着。「来年もこんな旅を計画しましょう！」という声を耳にしたことを報告して「金子みすゞの心のふるさとをたずねる旅」のトラベル日記を閉じます。

（37号　二〇〇二・十一・四　発行）

六　おとぎばなし「浦島太郎」考

「昔々あるところに浦島太郎という若者が住んでおりました」。よくご存じの「浦島太郎」というおとぎ話です。何はともあれ、ストーリーをかいつまんで記して見ます。

「たすけた亀の背中にのせられて浦島太郎は竜宮城へ。おとひめ様に迎えられ、鯛やヒラメの舞踊り、ご馳走は言うまでもありません。浦島太郎はわが思いの極みといった日々を送っておりました。

わが世の春を謳歌していた浦島太郎は、ある日のこと、ふるさとが懐かしく思い出され、帰ってみたくなりました。おとひめ様から開けることを禁止された玉手箱をお土産に、また亀の背にのって故郷へ。

しかし、そこにはもといた家はありません。知り人もいなかったことは無論のこと。寂しさにうちひしがれていた浦島太郎は、おとひめ様に開けることをかたく禁じられていた玉手箱の蓋をとってしまいました。中から煙が立ち上ぼり、たちまち浦島太郎は白髪の老人になってしまいましたとサ。」

おそらく年齢を重ねたせいなのでしょう、このおとぎ話が自然に脳裏に浮かんできたのです。

◆○◆

このおとぎ話のクライマックスは、浦島太郎が一瞬にして白髪の老人になってしまったということだと思いますが、白髪の老人に変化する原因となったあの「玉手箱」の中身は一体何を意味しているのでしょう？　物語の上では「煙」なのですが、煙として表現されている内容のことなのです。

それは、浦島太郎が「忘れていた時」ではないか、と思うのです。私たちの生活は竜宮城での浦島太郎のような暮らしはかなうはずもありませんが、たとえそうでなかったとしても、時間がたりないほどに状況との格闘の日々が続きます。フト立ち止まって後ろを振り返ってみると、こんなにも時が経過しているのかと驚ろかされることがあります。あの一九八三年（昭和五十八年）の豪雨災害からもう二十年も経過しているのです。忘れていても時だけは着実に刻み、この身も変化しているのです。

浦島太郎のように、たとえそれが楽園の日々であったとしてもです。それを「無常」というのです。自覚的であろうがなかろうが、信じようが信じまいが、全ての存在が「無常」の法則の中にあるのです。

◆　〇　◆

このおとぎ話は「老い」で終わっておりますが、私たちはもう一つショッキングな現実が待ち受けているのです。それは「いのち」を終えるということなのです。であるがゆえに一回きりのかけがえのないこの人生をどのように生きるか、そのキーワードがこの物語に隠されているのです。

ところで浦島太郎の竜宮城での暮らしは「あげ膳・下げ膳」、思いの極みといってもが過言ではなかったはずです。なのになぜ故郷へ帰ろうとしたのか、竜宮城へ居続ければよかったのに…。

「充実感がない！」、それが竜宮城を後にした理由ではないでしょうか。どれほどわが思いが叶ったとしても、それがわが思いである限り、この身がうなずかないのです。

なぜなら、一人の例外もなく「如来をたまわっている身」なのですから。たまわっている「内なる如来」が、わが思い＝自己中心の心（エゴイズム）のみにとどまって生きるありようを許さないのです。それが浦島太郎を竜宮城から解き放ったのだ！そう断言してよいと思います。

「わがまま」ということばがありますが、それは常に他者を評するものであり、わが思いそれ自体はいつも棚に上げられたまま。わが思いは、自分自身では問い返すことはできないのです。

わが思いが問い返されるとしたら、我あらざるもう一つの心（他力）を確立し、それを立場とする時、鏡に姿を写すように、はじめて相対化できるのです。我あらざる如来の真実心（他力）と「内なる如来」との結合が信心であり、エゴイズムの充足のみに執われていたわが思いが突き崩され、真に充実した新たな生き方（＝往生浄土の道）へと促《うなが》されるのです。

おとぎ話「浦島太郎」は、竜宮城に生きることが目的となるわが思い（自力の執心）からの解放を願った優れた仏教物語！あらためてそう思います。

◆
○
◆

（38号　二〇〇三・四・二　発行）

七　お念仏の道

昨年から、馬触道《うまぶれみち》の道打ちを取り止めることにしました。三隅から浄蓮寺までの巾一メートルたらずの近道のことです。その理由は、道打ちをする者のために道打ちをするという結果になっているからです。回りくどく聞こえるかもしれませんが、馬触道《うまぶれみち》は、はや歩く人がいなくなってしまっているのです。道打ちをしているわれわれ集落の者さえも、その時だけしか歩かなくなっているのです。

一キロ弱の急な坂道、難儀をした道でした。そうであっても、世話になった道ですし、懐かしい思い出がいっぱい染み込んでいますから、道打ちをやめることには逡巡がありました。しかし、交通事情が大きく変化し、今は車の時代になっているのです。

歩く人がいませんと「道」はいつしか消えていきます。道打ちをやめた馬触道《うまぶれみち》も、やがてその運命をたどることになります。

話が飛躍しますが、「お念仏の道も一緒！」。つくづくそう思います。

◆○◆

親鸞聖人のあの『正信偈』は、インド・中国・日本の三国にわたってお念仏の道を歩んでくださった方々をたたえられた讃歌です。親鸞聖人以後も、お念仏の道をひたすら歩んでくださった多くの方たちがおられます。当山の『寺報』で紹介した浅原才市さん・中村久子さん・金子みすゞさんなどの市井の人たちに受け継がれ、歩んでくださった道でした。しかし、「お念仏の道が消える！」。今、そんな危機的情況にあるのです。

今年の「初詣」は八・八〇〇万人を数え、記録を更新したとマスコミは報じていました。単なる日本人の習俗にすぎないと思われるかも知れませんが、そこにある意識は「わがまま」ばかり。「商売繁盛・無病息災・学業成就」など、身勝手な自己中心の願いの山なのです。その「わがまま」意識が、老若男女の見境なく起こる現代の想像を絶する病理現象を生み出しているのです。「わがまま」意識は、他者のことなどどうでもいいのです。他者を尊び、手を取り合って共に一緒に生きようとする意識、すなわち「浄土」を拓《ひら》こうとする精神の誕生は望むべくもありません。

そうであれば、富や健康、そしてさまざまな能力の保持者とは対極にある者に対しては差別し、排除していく意識が必然します。そのような病理が老若男女を問わず現象化しているのです。

「わがまま」意識が「わがまま」文化を生み、「わがまま」社会を形成しているのです。この有史以来最大の〈不幸〉を克服する道は、「ただ念仏のみぞまこと」（歎異抄）といただく意識が一人ひとりの上に確立することしかないのです。

そのことに気付く最短距離にある者こそ私たち「真宗門徒」なのですが…。

◆　○　◆

親鸞聖人は『教行信証』を結ぶにあたって、『安楽集』を引用して

前《さき》に生まれんものは後《のち》を導き、後《のち》に生まれんひとは前《さき》を訪《とぶら》へ、連続無窮《れんぞくむぐう》にして、願わくは休止《くし》せざらしめんと欲す。無辺の生死海《しょうじかい》を尽さんがためのゆゑなり

と述べておられます。「前《さき》を訪《とぶら》へ」とは、私たちに先だってお念仏の道をひたすら歩んでくださった方たちを訪《たず》ねよという意味です。

わが思い（わがまま＝自力）に閉じこもるのではなく、念仏に耳を傾ける時、一歩一歩その道を歩んでくださった先達の足跡を発見します。

今、その足跡に吸い込まれるように引き寄せられているひとりに「小林一茶」があります。一茶は「俳諧の人」として超有名人です。したがって、彼の俳句の

一首や二首は誰もがご存じだと思います。

○目出度さもちう位也おらが春

この句は、新しい年を迎えての一茶の心境を詠んだものです。「ちう位」という意味は、中位程度という意味ではなく、「いい加減な」といった意味だそうです。「めでたい、めでたい」という世間の観念にスッポリ埋没するのではなく、一茶自身の「おらが春」があるのです。

そんな一茶を「ひねくれ一茶」とか「斜《はす》に構えている」と評されていますが、世間一般とは違うもう一つのちゃんとした立場があったのです。

○ともかくもあなた任せのとしの暮れ

この句も、よく知られております。「あなた任せ」とは「弥陀まかせ」の意味であり、徹底した真宗門徒であったのです。如来の心を立場にして生きようとする一茶、したがってそこから何事も対象化し、相対化するのです。念仏者の立場が理解できない世間の目から見れば、一茶は「ひねくれ」とか「斜に構えている」としか見えないのでしょう。

それ以外にも「念仏の人」一茶らしい句が数多く存在します。

○念仏のころり出たる茸《きのこ》哉《かな》

○何事もなむあみだ仏閑《かん》古《こ》鳥《どり》

○花咲くや弥陀成仏の此のかたは

○仏法がなくば光らじ草の露《つゆ》

○なむなむと田にも並んでなく蛙《かえる》

○念仏の外《ほか》は毒なり夜が長い

○御仏《みほとけ》は淋《さび》しき盆とおぼすらん

◆　○　◆

如来の心、すなわち普遍真実の心に生きようとする「念仏の人」一茶。であるがゆえに一茶独自の句が生まれてきます。

○雀の子そこ退けそこ退けお馬が通る

○痩せ蛙負けるな一茶これにあり

○やれ打つな蠅は手をすり足をする

知名度の高いこれらの句は、「季感が乏しく、安易な教訓や通念の句」であり、「俗っぽい句」として専門家の方々の評価は低いようです。

俳句のことは全くわかりませんが、「雀の子」「痩せ蛙」「蠅《はえ》」など、誰も関心を寄せない存在に焦点を当てる一茶の目にまずもって驚き入ります。「雀の子…」からは、当時、最も便利な交通機関である「馬」に騎《の》っていながら、道端で無邪気に遊ぶ雀の子らに「危ないぞぉ！」と声をかけているさまが読み取れます。蹴散らして突っ走ろうとはしていないのです。

人間の社会がそうであるように、「蛙」の社会も競争社会。能力の優れたものだけが生き残れるのです。のろまであるがゆえに負っ放し、それは痩せたさまに明らかなのです。能力のある「蛙」にではなく、負っ放しの「痩せ蛙」に焦点を当て、「頑張れよぉ！」…、と。

「共に・一緒に生きよう！」という如来大悲のいとなみの具体は、被差別の最深部へいざなわれます。人間の目に触れただけで即刻打ち首、そんな「蝿《はえ》」にいのちの尊厳を見ている一茶。したがって「やれ打つな！」は必然します。

注目しておきたい一茶の句に

○ゐた寺の桜まじまじ咲きにけり

○ゐた村（の）御講幟《おこうりぼり》やお霜月《しもつき》

など、被差別民衆との接点があったことを伺わせる句が数多く見受けられ、その暮らしぶりが生き生きと詠まれています。

差別社会にあって、一茶には差別秩序を補完するイデオロギーに取り込まれてはいない、見事に解放されている清々しさがあります。「季感が乏しく、安易な教訓や通念の句」「俗っぽい句」であるとして低く見られているようですが、そのような理解にはどうしても首肯することができません。

一茶の句は、決して「安易な教訓や通念の句」ではありません。逆に社会通念をつき破る「もう一つの立場」があったということを見落としたら、「一茶」観だけでなく、自身の脆弱《ぜいじゃく》な人生観をさらけ出してしまうことになります。一茶においては、如来の平等観に立とうとするがゆえに、社会の弱者や被差別者への無視はあろう筈もないことだったのです。

○花の陰赤の他人はなかりけり

◆　○　◆

「道」は、多くの先達の歩みの証しであり、「道」があるから歩むことができるのです。「念仏の道」も多くの先達が歩みを運んでくださった歴史があるのです。その道は、「浄土の道」といってもよいと思います。その道を逸《そ》れ、「浄土の道」を歩もうとしなかったら、全てが「地獄への道」に直結します。

あらためて、一茶のひたすら歩んだ「道」が輝いて見えます。

（41号　二〇〇四・四・十　発行）

八　「忌中」から「還浄」へ

日本の、この社会を「民族宗教性社会」と評された方があります。その内実を記す前に、たまたま遭遇《そうぐう》したある出来事からをお話することにしましょう。

もう四・五年にもなるでしょうか、石見も東部に在住されているご門徒Fさんの葬儀でのことなのです。法名などを書き終えたところへ、亭主役の方が持ってこられたものは、映画の時代劇などで見る、高札《こうさつ》を小さくしたようなものでした。たまたま、その地のお寺さんがおられましたので、何のためのものなのかを聞いてみたのです。

それは「門牌《もんぱい》」といって、亡くなったことを知らせるためのものだけではなく、死別という悲しい現実を機縁《きえん》として、残されたものの自覚を家の前に立てて置くもの、とのことでした。その門牌《もんぱい》には「還浄《げんじょう》」と書くのだということも教えていただきました。

「還《げん》」は「かえる」と読み、親鸞聖人は『唯信鈔文意』に法身《ほっしん》と申す如来のさとりを自然《じねん》にひらくときを、みやこ（浄土）にかえるといわれております。葬儀は単に告別の儀式ではなく、この悲痛《ひつう》な事実を踏《ふ》まえ、ひとりひとりが「如来のさとりをひらくとき」であり、単に故人の葬送儀礼だけではないのです。あくまで残された側のための聴聞《ちょうもん》の場であり、そのような自覚をうながす言葉が「還浄」のもつ意味なのです。

残念ながら、このような習慣は石見の西部にはありませんが、東部に今なお伝統されている、この浄土真宗独自の習俗に出会い、深い感銘を覚えたことでした。

◆　○　◆

推測の域を脱しえませんが、石見西部でも浄土真宗の葬儀の習俗として「門《もん》牌《ぱい》」はあったに違いないと思います。近代になっていつしか消えてしまったのでは…。いまは自明のこととして「忌中」という張り紙が玄関に張られております。

ともかく「忌中」という意味を手近かにある『岩波国語辞典』によって調べてみることにします。

家族に死者があって、忌（いみ）に服している間。特に、死後の四十九日間。

とあり、中陰《ちゅういん》・中有《ちゅうう》という言い方もあります。なぜ家族に死者が出たなら忌《い》むのでしょうか。「忌む」という意味も調べてみましょう。

①不吉（ふきつ）なこと、けがれたこととして、きらって避ける。②憎みきらう。

とあり、ここでは①の意味になるのです。

したがって、死者はケガレたものであり、きらって避《さ》けるべき存在なのです。それだけではないのです。そこには「触穢《しょくえ》」という観念が潜《ひそ》んでいるのです。それは、伝染病のように「ケガレ」が次々と染《うつ》っていくというのです。だから、忌中といったり、喪中といって、その近親者は一定期間家にこもり、祝い事や他者との交際を避《さ》けるのです。「喪中につき年賀を欠礼いたします」という断わり状をいただくことがありますが、それは忌《い》み嫌《きら》われることを自ら受け入れていることになるのです。一方、第三者はいかに死者やその近親者との関係を遮断《しゃだん》しようとも不可能なことです。したがって、ケガレを払う「清めの塩」がまかれるのです。このような日本人の社会に蔓延《まんえん》している生活様式、それを「民族宗教性社会」というのです。

◆○◆

ケガレの観念は死者に対してだけではありません。三不浄《さんふじょう》といって、①死穢《しえ》（黒不浄）②血穢《けつえ》（赤不浄）③産穢《さんえ》（白不浄）が数えられ、女性の生理（血穢）や出産（産穢）までもケガレとされているのです。

もともと、このような浄穢の観念はヒンズー教（インドの民族宗教）に抱え込まれた仏教が日本に伝えられ、支配者の論理として受け入れられたのです。それが次第に民衆の中に浸透《しんとう》し、死者のみならず、死者に関わる人々や女性への差別の根拠となり、制度化されていったのです。したがって、それぞれ忌（いみ）に服している期間が過ぎることを「忌明け」というようにもなったのです。

近親者を亡くされた方から、「何時《いつ》からお宮へ参ってもよいのですか？」と問われたことを思い出しますが、ケガレの観念は骨の髄まで浸透《しんとう》していることを、あらためて実感することです。この事実は、他人事として批判しておけばすむ問題ではないのです。私自身、「門牌《もんぱい》」にであうまでは「忌中」という張り紙をそのまま無自覚にも放置してきました。それどころか、「一周忌」「三回忌」…と言ってきたのです。親鸞聖人の祥月命日《しょうつきめいにち》までも「御止忌《ごしょうき》」と、地方の寺院どころか本山さえそう言い伝えてきたのです。

◆　○　◆

五濁増《ごじょくぞう》のしるしには／この世の道俗《どうぞく》ことごとく
外儀《げぎ》は仏教のすがたにて／内心外道《げどう》を帰敬《ききょう》せり

と、親鸞聖人は民族宗教に抱え込まれた当時の仏教の実態に悲歎《ひたん》され、

この世の本寺本山のいみじき僧*（官位のある立派な僧）ともうすも法師ともうすもうきこと*（なげかわしいこと）なり。

と『正像末和讃』において痛烈《つうれつ》に批判されておりますが、それは親鸞聖人在世当時の社会だけに限定することはできないはずです。

たかが「張り紙」、たかが「一周忌*」「三回忌*」を「一周会《え》」「三回会《え》」と言い変えただけではないかと思われるかも知れませんが、それは差別の現象であり、「民族宗教」からひとりひとりが解放されなければ、「友《とも》・同朋《どうほう》」の社会は切り開かれるはずがありません。その第一歩が、「忌中」から「還浄《げんじょう》」へ、なのです。

（23号　一九九六・八・十二　発行）

九　「還浄」その後

『浄蓮寺通信』23号に掲載した「『忌中』から『還浄』へ」は思わぬ反響を呼びました。というのは『浄蓮寺通信』23号をたまたま読まれた中国新聞の記者から電話があり、「『忌中』から『還浄』へ」を手掛かりにして記事を書きたいから了承してほしい、とのこと。数日して中国新聞（昨年10月10日付け）が送られてきました。「洗心」という宗教欄に「『忌中』やめ『還浄』に」というタイトルの記事が掲載されてありました。その冒頭の文章は、

「忌中」をやめて「還浄」（げんじょう）へ——葬儀の際に故人の家にはる張り紙の表現を改める動きが、広島県内などの浄土真宗僧侶の間で広まっている。「忌中」とは「死者を忌みきらっている最中」の意味。死者を穢（け

が）れと見る思想が根底にあるからで、「清めの塩」を用いるのも同じ動機である。真宗には「忌む」という考えはなく、教義に沿って「浄土へ還（かえ）る」と言う意味の言葉に変えようという営みだ。

と、その趣旨を紹介してありました。それを目にされた浜田市在住のSさんから「自分の葬儀は『忌中』ではなく『還浄』を是が非でも書いてほしい」との電話が早速飛び込んできました。

この記事は三隅組内の僧侶仲間でも話題になり、葬儀屋さんに「忌中」をやめて「還浄」に改めてもらうよう運動してはどうかなどという声も出ました。しかし、その意見にはどうしても賛同することができませんでした。というのは、穢（けが）れの観念などの民族宗教に取り込まれている事実は葬儀屋さん一人の問題に収斂して事足りるものではありませんし、「還浄」という張り紙に変えたらそれで一件落着といった問題ではないはずです。

「忌中」ということばに象徴されるように、民族宗教の観念は悲しいことに真宗門徒であるこちら側か抱え込んでいる問題なのです。そのことは「昔からやっている」とか「皆がしている」と、歴史の流れや世間に同化して肯定されてきたのです。そのようなあり方は〈主体〉が全く問われないという致命的欠陥が潜んでいるのです。それを「人並み信仰」といった方がありましたが、まさに的を得た表現です。

たとえ葬儀屋さんが「忌中」という張り紙をもってこられても、「清めの塩」をもってこられても、そのような故人の尊厳を冒瀆することに対して「ノー」と拒否できる自分になることこそが大事なのです。そして、お葬式の問題に限らず、世間の習俗・習慣に合わせて生きるのではなく、真宗門徒である一人ひとりがその教えに根拠し、新たな社会を拓いて生きようとするあり方こそ問われているのです。

（25号　一九九七・四・十三　発行）

一〇　いのち不思議

今、当山の掲示板に「わがいのち、わがいのちにあらず」ということばを書いています。

このことばは、龍谷大学や京都女子大学の学長を歴任され、今は故人となられた二葉憲香先生がいろいろな著書で述べてくださっております。私にとって至宝のことばなのです。

自分のこのいのちは、自明のこととして「わがいのち」と思い込んでいます。しかし、誰ひとり「この世に生れよう！」と思って誕生した人はおりません。また、「男に生れよう！」「女に生れよう！」と性の決定をして誕生したわけでもありません。気がついてみれば生れていたのです。気がついてみれば「男だった！」「女だった！」のです。この「いのち」は、わが思いを超えた意識以前の「いのち」であり、まさに「わがいのち、わがいのちにあらず」なのです。「いのち」の誕生もそうなのですが、「いのち」の全体がわが思いを超えてあるのです。

◆〇◆

五月も半ば過ぎのころでした。二月にもお会いした朋友のSさんが突然逝去されました。Sさんは真宗寺院の住職をされており、一つ違いの先輩でした。年齢は一つしか違いませんでしたが、包容力の大きい方で、その包容力に私は幾度となく包んでいただき、助けていただいたことでした。

Sさんは「肺の病」を背負っておられました。その病もいつしか酸素ボンベと一緒する生活へと進行していきます。寒い空気が肺の中に入りますと呼吸困難になりますから、障子はすぐに締めなくてはなりません。もちろん肺に負担がかかる運動は禁物です。そのような持病を背負ってはおられましたが、それを背負い切って生活されている様には敬服しておりました。それは

病む時は病むがよかろう、死ぬ時は死ぬがよかろう

と詠まれた良寛さんの諦観された世界を髣髴するものがありました。

Sさんにとって、病気自体との闘いは言うに及ばず、精神の内面を覆ったものは絶望感であり、「断念」への苦闘ではなかったのではと思います。それは、僧侶として不可欠の「おつとめ」さえも奪われていくわけですから…。

◆〇◆

健康を至上の価値として思い込んではおられないにしても、やはりそれを失った時の絶望感は想像を絶するものであったと思われますし、Sさんの絶望の淵の深さを思います。

しかし、回復することのないダメージを背負いながら、Sさんから嘆きや愚痴

を聞いたことはありませんでした。それはダメージを背負いながら、それを超えていくことのできる人間観・価値観を獲得されていたからこそと思います。

Sさんのそれは、三国連太郎（俳優）さんの著書『わが煩悩の火は燃えて』に記された次の言葉を想起します。

南無阿弥陀仏は、人間平等の呼びかけであり、応えである。

私たちは、常に真実の世界（如来）から呼びかけられ、願いかけられている存在なのです。それは、この「いのち」のど真ん中に如来と等身大の尊厳をいただいているのです。煩悩が消えてしまったのではなく、煩悩を抱えたまま如来をいただいているのです。

そのことは、お念仏を申す者のみがそうなのではなく、お念仏を申そうが申すまいが人類普遍に事実として如来を平等にたまわっているのです。その事実を私たちに知らしめるべく働いてあることばが「南無阿弥陀仏」なのです。しかし、その呼びかけに耳を傾けなかったら「生きる価値がなくなった！」「死んだほうが増しだ！」などと愚痴に終始するばかりです。

問題は、私たちがその事実に目覚め、うなずきを持って生きなかったら、浄土は切り拓かれようがありません。三国連太郎さんと同様にSさんもまた「人間平等の呼びかけ」に「応え」、お念仏を申して生き抜き・生き終えて下さったのでした。

Sさんのご遺体は庫裏の座敷にご安置されてありました。そばの柱には「本願寺カレンダー」が掛けてあり、『唯信鈔文意』の

この如来、微塵世界にみちみちたまえり

のおことばが眼にとまりました。

（58号　二〇一〇・十一・六 発行）

一一　生と死の深みに

「金さんは一〇〇才、銀さんも一〇〇才」とコマーシャルにも登場する双児の老婦人。そして相撲人気を沸騰させている若花田・貴花田の兄弟力士は、今、国民的アイドルである。

金さん・銀さんに対するものは、長寿社会に突入した現在、老いてなお健康体であることへの羨望《せんぼう》であろう。そして、若花田・貴花田へのそれは、単に両者の力量もさることながら、それを越えて、外人力士の躍進ぶりが「国技」としての相撲界に、ある種の危機意識がはたらいての「あおり現象」だとするなら、うがち過ぎであろうか。ともかく、国民の共通した意識や願望がこれらの「ブーム」を作っていることは間違いない。

金さん・銀さんや若花田・貴花田の個々人を問題にしようとしているのではない。それは、ある事実に遭遇《そうぐう》したがゆえに、その事実をとおして「ブーム」を生み出している意識を考えてみたいと思ったからなのである。

◆○◆

その事実とは、T君の「生」と「死」とに関わってのことであった。

T君は中学校を卒業すると同時に相撲社会へ胸をふくらませて飛び込んでいった。周知の通り、相撲社会は序の口・序二段・三段目・幕下・十両・幕内とランクがあり、それぞれに番付けがされており、その序列がすべてを決定するところである。テレビで放映されたり、多くの人達の関心が寄せられるのは最上位の幕内力士なのである。T君はその頂点である横綱を目指しての稽古がはじまった。

その序列を一歩づつはいあがり、競争に打ち勝っていくためには相撲の力量を磨くことは当然なのであるが、体重が大きく左右する。したがって「食うことも稽古の一つ」といわれる所以《ゆえん》なのだ。

体重を増すための食事は往々にして栄養のバランスを崩してしまう。T君はいつしかその被害者となり、相撲それ自体の闘いに併せ、「糖尿病」との闘いをも抱え込んでいくことになる。相撲という競争に打ち勝っていくためには体重を増加させ、できるだけ多くの食事をしなければならず、逆に糖尿病を克服するためには食事を控えなければならないという二律背反する課題を背負ってしまったのだ。

このような二律背反する課題を背負う闘いは、もともと無理難題な事柄である。T君は華やかな舞台を踏むことなく相撲取りを断念せざるをえなくなり、「廃業」を余儀なくされてしまった。

華やかに見える相撲界も、その実体は「競争」を原理として「落ちこぼし」をしていき、「落ちこぼれ」を作っていくのである。いわば、ソーケに残ったものだけにエリートとしてスポット・ライトが当られ、存在が認められものである。関取といわれることなく廃業しなければならなかった元力士たちに対する生活保証など皆無である。生活の根拠を獲得することに加え、T君にとっての新たな出発は糖尿病を背負ってのものであり、つらい再出発となった。

◆○◆

相撲社会においては下位にあるものが料理番を受け持つのである。T君は力士時代に身につけた料理技術に磨きをかけ、「店」を持つまでになるのである。しかし、それも糖尿病を克服するには良き環境ではなかった。あまりも手近かにある食物と酒…。

入・退院をくりかえすも、病は確実に進行していった。腎臓機能は低下し、人《じん》工透析《こうとうせき》に頼らざるをえなくなってしまい、視力も徐々に衰え、ついに失明状態に陥ってしまったのである。T君における「生」は、そのまま「死」との背中合わせの日々となった。

その当時のT君の精神状態は次のことから推し量ることができる。彼にとって透析の時間が一番辛いことであったようだ。医者からは週三回を勧められていたのだが、断固二回を押しとおしたという。「死」という迫りくる事実にたいする「怖れ」と「不安」、それが彼の精神の内側を大きく支配していたから、透析による「沈黙の時間」は堪え難かったに相違ない。病状が悪化していくにしたがって絶望感は深刻なものとなり、狂うほどのものであったであろう。

しかし、T君はそのような病状を抱えながら第三の出発を決意し、ある学園に入るのである。その学園は、同じような病を抱えている方達が、指圧などを学び、社会復帰をめざす道場なのである。

T君の病状が思いがけず変化し、回復に向かったのではない。間違いなくそれは悪化の一途をたどっており、身体的にはますます不自由になっている。にもかかわらず彼は絶望の淵に埋没する心を突き破って「社会復帰」への道を選んでいった。T君に決意をうながした導火線は、はたして何だったのであろうか…。しかし、その内実を彼自身から聞くことを閉ざしてしまうあまりにも悲しい事実が待ち受けていた。

◆○◆

ある日T君は吐血した。同胞たちと「社会復帰」のための学習をしながらも「死」と背中合わせの毎日。その緊張感から胃潰瘍を患っていたのである。手術は成功し、回復に向かうかに見えた。しかし、糖尿病を抱えてのそれは事態を急変させた。家族の方たちの必至の看病にもかかわらず、T君は今生の生涯を閉じたのである。享年三十九才であった。

葬儀は晩秋の冷え込み厳しい日であった。悲しい業縁を背負い、そしてあまりにも若くして逝ったT君に対する「憐れみの情」があたりを包んでいた。

葬儀にはT君と同じように失明した学園の同胞も馳せ参じた。彼等の助け合っての焼香はT君の学園生活を彷彿《ほうふつ》させるものであった。

葬儀が終り、お斎の前に、テープに収録された学園の同胞たちの短い弔辞《ちょうじ》が流された。暗くなりがちな学園の雰囲気は、彼のジョークによって救われたことや、目の不自由さにもかかわらず作ってくれた「ちゃんこ料理」のことなど、学園内における彼の日常生活のありようが、別離の悲しみと共に紹介されていた。

終わり近くになってのある弔辞は、今日の葬儀のぬきがたい空気を突き破った。

T君の人生のなかで、この学園生活が一番輝かしいものであったと思います。

と。相撲という競争社会に勝ち抜けなかったばかりか、闘病生活の明け暮れの末に抱え込んだ失明状態に近い過酷なハンディー。それを背負ったまま飛び込んでいった学園。それも束の間、若くして「死」に至ってしまったあまりにも悲しい業縁の事実を熟知してのその言葉の底には「確信」にもにた響きがあった。

T君へのわれわれの抜き難い思い込みは「かわいそう！」という「憐れみの情」がストレートに反応する。「憐れみの情」は、無意識のうちに世俗の価値観や常識の肯定があり、金さん・銀さんや若花田・貴花田の「ブーム」のマイナス・イメージなのだ。その弔辞は、T君の過酷なまでの業縁にのみ執われるわれわれの価値観を射るものであった。

◆○◆

業縁には人それぞれに差異がある。それはそれで良い。その差異を無くすることとは不可能なことだ。しかし業縁における差異をもって「ひと」を認識するあり方は差別を生産する。「憐れみの情」さえも現象に執われ、低位に見下す意識なのだ。その「あおり」がスーパー・スターへの羨望《せんぼう》がある。業縁における差異が価値判断の機軸にすえられるとき、「傲慢《ごうまん》」と「絶望」が錯綜《さくそう》する。

T君との共同生活のなかで、彼と自らの現実を重ね合わせながら、「絶望」するほどの業縁を背負ったとしても、断じてチッポケな存在ではない、一人残らずいのちの根源にはたらいている絶対尊厳なる存在としての〈めざめ〉がT君の生き方にあった。それが「輝かしいもの!」として写ったのであろう。

T君の今生での「いのち」は終わった。しかし、輝き続ける「もう一つのいのち」(=無量寿)にであった。ふと脳裏に親鸞の『正像末和讃』の一首が浮かんできた。

五濁悪世の有情の
選択本願信ずれば
不可称・不可説・不可思議の
功徳は行者の身にみてり。

(15号　一九九二・四・十五 発行)

一二　「昭和の終り」によせて　―天皇の人権―

一月七日、それは63年間余の「昭和」が終った日であった。すべてのテレビ局は、激動の昭和を生き、87才で生涯を閉じた昭和天皇の死を悼む番組にあけくれた。

今、こゝで昭和天皇の生きざまや、昭和という時代を総括しようとするのではない。たゞその番組の中で、天皇が学友にポツリともらされたという、その言葉が耳の底に残った。それは

「あなた方は自由でいゝね！」

と。

◆　○　◆

戦前は「元首」として、そして戦後の民主々義といわれる時代を「象徴」として生きた天皇の精神の内側には、国民がどのような高みに祀り上げようとも封殺することのできない人間としての尊厳が、唯一、人間対人間の関係を取りもどせる学友との間において噴出したと思われる。昭和天皇の生涯をつらぬいてあり続けた思い、それは「自由」への渇望ではなかったか。

人間は、あくまでも人間であり、それ以上でも以下でもない。人間を人間以上の存在として神聖化する時、人間を人間以下とみなす差別と同様、人権は剝奪《はくだつ》される。天皇には姓もなければ選挙権もない、無論思想の自由も。そして、天皇の座を辞す自由もなく、終身その立場に拘束されるのである。

思えば戦後、天皇自身において「人間宣言」がなされている。それは、自らを神聖視されることによって人間としての尊厳を侵害される者の、人間回復への叫びではなかったろうか。

だがしかし、戦後の「象徴としての天皇」も又、戦前と変ることなく人間としての尊厳を回復したとは言えないであろう。従って、天皇自身も天皇を神聖視する「天皇制」の被害者であった。

◆ ○ ◆

ひるがえって、日本の近代国家を成立させるにあたって伊藤博文は、

「我国に在《あ》って機軸とすべきは独り皇室あるのみ」（起案の大綱）

と。国民を支配してゆくその精神的支柱を皇室（天皇）に求め、天皇制国家を思いつき、それを実現してゆくのである。それは、「国家」を至上のものとし、国家のために国民は言うまでもなく、天皇までもその道具（手段）として利用したのであった。

しかし、支配の側が血脈の一貫性（万世一系）ということで天皇を神聖化し、国民統合をはかろうとも、「血脈」で人間を尊んだり、差別したりするあり方で

はなく、人間ひとりびとりの存在それ自体を平等に尊ぶ主体（自分）を国民の側が成立していたら、明治・大正・昭和と打ち続く戦争の悲劇や天皇のこのような「不自由」とはよほど異質な近代日本が展開していたのではないかとしきりに思うのである。

◆○◆

昭和天皇の死をめぐって、以前より増して天皇の神聖化がはかられようとしている。昭和が終った今、天皇も国民も「天皇制」から解放され、人間ひとりびとりを尊厳さにおいて平等とみいだす如来の悲痛なまでの叫び（南无阿弥陀仏）を自らの主体とすることこそ急務であろう。でなければ、「平成」の世においても「天皇の人権」を奪い続けることになるのだが…。

（8号　一九八九・五・一　発行）

一三　どうかもう一度、生きてみてください

朝日新聞に毎週土曜日、「私の視点」という紙面があります。六月四日(土)、何気なくその紙面を開いておりましたら

『死刑を願う存在』は偏見だ

というタイトルの文字が飛び込んできました。原田正彦さんという会社員の方の「私の視点」なのです。まず冒頭の文章から引用します。

長谷川敏彦君への死刑が執行されて、もう3年半になる。彼は83年に保険金目的で私の弟を殺害した事件は20年余りたった今も、私から平穏な生活を奪っている

と書きはじめられているのです。びっくりする文章の内容でしたから、引きづり

込まれるように読んでいきました。

この文章は、今年の4月から施行されはじめた「犯罪被害者等基本法」について原田正彦さんの考え方が述べられているのです。

ご存じのように、犯罪加害者に対しては人権擁護の考え方が法制化されているのです。しかし、被害者の側に対する人権は全く軽んじられ、泣き寝入りするしかないありようが問題となっておりました。

原田正彦さんは、「犯罪被害者等基本法」の施行によって、「被害者と家族を支援する法が整備されたことは一歩前進だと思う」と評価されながら、他方に、「刑の引き上げ」が盛り込んであり、「私は重罰化には反対」との考え方を述べられているのです。

◆　○　◆

先年、「少年法」も対象年齢を引き下げるという方途での重罰化が計られました。そのことによって「犯罪の低年齢化が防げる！」と言われておりましたが、有効ではありませんでした。

この国の立法府は刑法の重罰化によって犯罪を防止するという考え方のようですが、原田正彦さんは重罰化の道に首肯することはできませんでした。

私は遺族として、何度も長谷川君の死刑延期の嘆願をした。01年には法相と会って上申書を渡したが、その年の暮れに死刑は行われたと記されていますが、どうして弟の殺害犯人の減刑運動をされるに至ったのでしょうか、もう少し読み進めてみます。

事件は弟を奪い、私の日常を崩壊させた。「すべて長谷川君のせいだ」と憎しみが募った。しかし10年たった頃、「自分はもっと死刑制度のことを知った方がよいのではないか」と思い始めた。彼にあって厳しく問い質したい気持ちが強まった。

初めて面会したとき、彼は「申し訳ございませんでした」と言った。謝罪の言葉は手紙でも読んでいたが、対面して相手の姿を見ながら言葉を聞くのは重みが違った。

謝罪し償おうとしている本人を目にして私は初めて、安堵し癒されるような感覚を覚えた。許したのではない。だが面会することで、自分の心が解放される端緒をようやくつかんだ気がした。

殺人をしたあと、人はどのような償いが出来るのか。私にも分からない。ただ彼が償いの意味で絵を描き続けていると知ったとき、私はその思いを信じたいと思った。どうしたらいいか分からないからこそ、その人なりに考え実践する償いが意味を持つ。

生きてこそ償いは可能なのではないか。死刑は余りにも短絡的な解決策なのではないか。少なくとも私は、死刑が執行されたことで心が楽になるどころか、再生への足がかりを失った気がすると。

◆○◆

朝日新聞の「私の視点」に掲載された原田正彦さんの文章にであってから間もなくでした。東本願寺発行の『同朋』という冊子が送られてきました。その中に杉原美津子さんの記事が載っていたのです。

お忘れであろうと思いますが、『浄蓮寺通信』の創刊号（一九八四年十一月発行）に「死刑でなくて良かった！」というタイトルで杉原美津子さんのことを書いていたのです。21年前のことです。

一九八一年八月、新宿駅に停車中のバスにガソリンをまいて放火。乗客六人が焼死、十四人に火傷をおわせた事件がありました。杉原美津子さんは、その「新宿バス放火事件」で火傷を負った被害者の一人です。

四年後の一九八四年四月、東京地裁で判決が下されました。求刑では「死刑」だったのですが、判決は

「無期懲役」に減刑されていたのです。

その判決を巡って、「減刑」に対する不審といかりが渦巻く中で、テレビのレポーターはマイクを一人の女性に向けておりました。その女性のことばは耳を疑うものでした。それが

死刑でなく、無期懲役でよかった！

という発言だったのです。その女性が杉原美津子さん。当時四〇歳でした。一年間の入院加療、なお痛みは消えない状態でした。

◆　○　◆

彼女のこの発言に驚き、そして感動し、「彼女と一面識もないものが勝手に他人の心の内部には入り込んで、とやかくセンサクすることは不遜なことかも知れ

ませんし、また恣意に堕ち入るかもわかりませんが」と断りながら、次のような文を記しております。

結論からいいますと、彼女の心には「憎い」と思う感情の底に、〈もう一つの心〉が確立していたのだ…。

感情がどこかへ消えたのではない。「ひっぱたいてやりたい！」と激する心を引きづりながら、その心をもシーッと見すえるようなあり方として成立している〈もう一つの心〉。そしてその心は、心の奥底にしまっておくのではなく、常にその心によって日常のありとあらゆることを問いかえしてゆく、そんな精神としてはたらいているようにうかがえるのです。

と。また

彼女の〈もう一つの心〉は、人間を無条件に「かけがえのない存在」と見いだしているのだと思うのです。（中略）最も重要なことは、「無条件に」ということなのです。

という文章も加えておりました。

◆○◆

親鸞聖人に

いつつの不思議をとくなかに
仏法不思議にしくぞなき
仏法不思議ということは
弥陀の弘誓になづけたり

という和讃（『高僧和讃』・曇鸞讃）があります。

「いつつの不思議」とは、

① 衆生多少不可思議＝衆生の数が無量無辺で尽きないことの不可思議。

② 業力不可思議＝人の能力は、それぞれ皆異なっていることの不可思議。

③竜力不可思議＝自然のもつ不可思議。
④禅定力不可思議＝人の能力は、並外れたはたらきをする不可思議。
⑤仏法力不可思議＝仏法の力により衆生にさとりをひらかせる不可思議。

ということだそうです（『浄土真宗聖典』を参考）。

この五つの不思議のなかで、私が如来本願にであうことによって、如来と同等のさとりをひらかせていただく「仏法不思議」こそが至上の不思議だといわれるのです。

少々まわりくどくなってきましたが、単刀直入に申しますと、この私が「如来様の行」を行じさせていただく身となるということです。すなわち煩悩具足のわが身が、「常行大悲」の実践者へと転ぜられる不思議をいわれているのです。

わが煩悩のおもむくままに、すなわち自己中心にしか心が働かなかったこの身が、いつしか「如来様のように生きよう！」とする方向へ、わが意識が変化していくのです。それを「廻心」といい、「信心」というのです。

◆○◆

『同朋』という冊子は、一九八一年十二月、杉原美津子さんが加害者に、次のような手紙を送っておられたことも記してありました。

…寂しくありませんか？……あなたをさばく気持も全くありません。あなたをうらんだりにくんだり、さばいたりすることは、大ぜいの人にできることです。…どうかもう一度、生きてみてください。あなたにとって、いちばんたいせつなものを見つけて、勇気をだして生きてみてください…。

と。

「生きてこそ償いは可能なのではないか…」（原田正彦さん）ということばも、「どうかもう一度、生きてみてください…」（杉原美津子さん）との願いも、人間に生まれた意味の大きさ・かけがえなさを、如来様のように包み込んでかたりかけてあることばのように聞こえてきます。

（44号　二〇〇五・八・二〇　発行）

一四　法事の表白文

やっとの思いで「法事の表白文」を作り終えました。

「表白」とは、三省堂の『国語辞典』には、「考えや気持ちをことばにして言うこと」とあります。

今までは、『勤行聖典』にある「表白文」を使わせていただいておりました。

しかし、自分の「考えや気持ち」とはズレがありましたが、なかなかオリジナルな「表白文」を作るまでには至りませんでした。

このたび、遅きに失した感はありますが、自分の「考えや気持ち」を、ことばにすることを思い立ち、やっとオリジナルな「表白文」を作ることができました。

その「表白文」を掲載することにいたします。

表白

本日、ここに有縁の人々が相集い、阿弥陀如来の尊前を荘厳《しょうごん》し、
法名　釈　○　○
俗名　○○　○○の○○回会の法要を勤修《ごんしゅう》いたします。

阿弥陀如来は、罪業深重《ざいごうじんじゅう》の凡夫を救わんがために他力回向のご本願を成就《じょうじゅ》くださいました。

お釈迦さまは、本願成就《ほんがんじょうじゅ》こそが出世の本懐《ほんがい》であると、『大無量寿経』にお説きくださいました。

七高僧は、如来の正意を受け継いで、世世にこれを顕彰《けんしょう》くださったのでした。

親鸞聖人は、『高僧和讃』を結ぶにあたって、
　五濁《ごじょく》悪世の衆生の
選択本願信ずれば

不可称・不可説・不可思議の
　功徳は行者の身にみてり
とご和讃くださっております。
私たちは煩悩具足の身でありながら、如来と等身大の徳をすでにたまわってい
た身であることを明らかにお示しくださったご和讃です。
その事実をこの身に呼びかけ、働きつづけてある必死な叫び、それが
　南無阿弥陀仏
なのです。
私たちは、尊びあい・助け合って生きる世界、すなわち「浄土」を拓いていく
ことを課題としている身、なのでした。
先達は、その道を歩んでくださいました。私たちは、今、先達が歩んでくださ
ったお念仏の道を歩むべく、聴聞の場へ引きずり出して下さってあるのです。

そのことを学び、うなずく身になるべく、教典を拝読していきたいと思います。

二〇一四年〇月〇〇日

浄蓮寺住職　早　川　顕　之

以上の如き「表白文」です。これからは、この「表白文」を用いてご法事をおつとめしていきたいと思います。

（67号　二〇一四・四・十二　発行）

一五　お念仏に聞く
―日本の近・現代と真宗―

明治百年記念事業の一つとして、一九七一年(昭和四十六年)に『三隅町誌』が編纂《へんさん》され、発行されました。

その中に「宗教」という項目があって、三隅町の「家庭における神仏壇調(べ)」が行われ、調査結果が表にされています。

調査された年次はこの表には記載されていませんが、「調査戸数・二七三七戸」とあり、昭和四十三年次(一九七一年)の三隅町の総世帯数が二九八二戸とありますから、それ以降のことと思われます。

今は、失ってしまった資料ですが、戦時下の資料で、確か『特高月報』だったと記憶しているのですが、官憲の日誌に「三隅の住民は、神棚設置の運動に非協

家庭における神仏壇調

項＼地区	三隅	三保	岡見	井野	黒沢	白砂	計
神棚のみ	12	12	2	8	5	2	41
仏壇のみ	75	312	358	35	29	3	812
両方ある	510	318	98	517	208	108	1,759
両方ない	46	33	19	18	5	4	125
計	643	675	477	578	247	117	2,737
氏神をもつ家	632	673	476	578	246	117	2,722

力」という意味のことが記されてあったのを思い出します。

この表の「仏壇のみ」というのは、浄土真宗の門徒の方たちの信仰のあり方であり、世間から「門徒もの知らず」とか「一向宗」と揶揄《やゆ》されてきたのです。

浄土真宗の「神祇不拝」という伝統は、新築ブームも相まって、いつしか「両方ある」の方へ傾き、今はその数を保ち得ていないのでは？と思われます。

◆　○　◆

浄土真宗の「神祇不拝」の精神は、日本の歴史の中に生き続けてきました。

十五代将軍慶喜《よしのぶ》の「大政奉還《たいせいほうかん》」によって江戸幕府は崩壊。一八六八年、天皇の政治が復古し、明治維新がはじまるのです。それは、幕府の「鎖国政策」から「開国」へ舵《かじ》がとられ、「欧米に追いつけ、追い越せ！」をスローガンに、近代化・欧米化をめざすのです。

明治政府が最初に打ち出した政策が「神仏分離令」（明治元年）でした。それは「廃仏毀釈《はいぶつきしゃく》」が意図されていたのです。「廃《はい》」も「毀《き》」も「こわす」という意味です。仏教をうち壊《こわ》し、神道を国教にする政策が図られていくのです。

廃仏運動は、日本全土を燎原《りょうげん》の火のごとく覆《おお》い尽くしたのですが、明治維新政府の「神仏分離」・「廃仏毀釈」の宗教政策の中心をにない、おし進めたのが津和野藩の藩主・亀井茲監《これみ》、大国隆正、福羽美静の主従でした。

廃仏の実態については、今は、隠岐島にかぎって記すことにします。隠岐島における廃仏の実行は、明治二年（一八六九年）三月以降からのことでした。

寺院迫害は、いわゆる幾多の難渋《なんじゅう》・迷惑沙汰の事件も起こり、その間伽《が》藍《らん》、仏像、仏具、寺宝の毀棄《きき》・焼失はもとより、寺院財産没収などに及んだので、僧侶の生活の困窮《こんきゅう》は言語に絶し、帰俗・逃亡の事もあり、多くは跡形もなく廃滅するに至った。

かくして明治四年正月、遂に島民はことごとく神道に帰することとなり、公文所に血判状を提出した。（中略）僧侶は皆還俗《げんぞく》するか、または追放にせられた。

と、『山陰真宗史』に記されてあります。

日本国中を恐怖のるつぼに追い込んだ廃仏運動は、この三隅の地にも及んだことは言うまでもありません。このような明治維新の廃仏政策に、唯一、浄土真宗の門徒衆の蜂起《ほうき》があるのです。越前（福井県）や三河（愛知県）などでの「護法《ごほう》一揆《いっき》」は記録に残されたものですが、「念仏のみぞまこと」（歎異抄）といただく門徒衆に、「神祇不拝」という立場は必然します。したがって「神道」を受け入れるはずはありません。門徒衆には「一揆」という運動まではいかぬにしても、「国家」と対峙《たいじ》する精神の立場があったのです。それが「信心」です。

前掲の三隅町の「家庭における神仏壇調（べ）」のありようは、このような明治維新の廃仏政策から一〇〇年が経過していますが、三隅町の門徒衆が廃仏政策に抗《こう》したことのあかしでもあるのです。

◆〇◆

明治維新政府は、浄土真宗の門徒衆の抵抗運動をよそに、一八六九年（明治二年）には東京九段坂に「靖国神社」の前身である「東京招魂社」を創設。明治四年に、全国民を神社の氏子とする「氏子取調規則」が定められ（明治六年に停止）るのです。

翌年の一八七二年（明治五年）には国民教化の基本としての「三条教則」が定示されます。

「三条教則」とは、①敬神愛国、②天理人道の明示、③皇上奉戴《ほうたい》と朝旨遵守《ちょうしじゅんしゅ》の三条なのです。すなわち惟神《かんながら》のこの国を敬愛し、惟神の歴史に学び、天皇を現人神と戴き、その思し召しを守る、という意味なのです。

神主は申すまでもなく、各宗の僧侶の全てを「教導職」に任命し、この「三条教則」を国民に教化する責務をになわせようとしたのです。それは「布教の自由」を奪うことでもあったのです。

このような明治政府の宗教政策に、浄土真宗の僧侶である島地黙雷は、パリーより「建白書」を送り、「三条教則」批判に立ちあがります。

明治維新政府のそれは、いうまでもなく暴力行為であり、狂気の沙汰としかいい得ない愚行・蛮行なのです。渡欧していた島地黙雷がとった批判は、「政教分離」・「信教の自由」の立場からの展開でした。「政教分離」とは、国家はいかなる宗教にも介入してはならないということです。そのことによって、はじめて個人の「信教の自由」が保障されるのです。

明治維新以来の廃仏運動に対し、興正寺派・仏光寺派の離脱はあったにせよ、「政教分離」・「信教の自由」のたたかいが成立したのは、東西本願寺を中心とした真宗教団のみでした。

◆○◆

「欧米に追いつけ、追い越せ！」のスローガンの内実は「富国強兵」と「殖産興業《しょくさんこうぎょう》」でした。

同年（明治五年）には「徴兵告諭《ちょうへいこくゆ》」があり、

全国四民男児二十歳ニ至ル者ハ尽ク兵籍ニ編入シ、以テ緩急ノ用ニ備ウヘシ

と、兵役義務を課すのです。そして、明くる明治六年に「徴兵例」が制定されま

す。

同じく明治五年、「殖産興業」を推進するために「富岡製糸場」が群馬県に建設され、操業も開始。製糸業をはじめ、各地に産業が興《おこ》されていきました。

しかし、雇用のありようは「聞いて極楽見て地獄」と女性の職工のひどい就労条件・生活環境のさまや、石炭業の就労者への暴力の実態を新聞記者・横山源之助は『日本の下層社会』（明治三十二年）に報告しております。

加えて、公害問題も引きおこします。足尾銅山は、銅を精錬する際に排出される抗毒が渡良瀬川に流入、下流の田畑に甚大な被害を与えました。

地元選出の国会議員の田中正造は、一八九一年（明治二十四年）以降、この問題を国会でしばしば取り上げます。しかし、政府の対応は拉致《らち》のあかないものでした。田中正造は、「亡国にいたるを知らざれば、すなわち亡国」といい、死ぬまでこの地に留まりました。

◆○◆

一八八九年（明治二十二年）に「大日本帝国憲法」が発布されます。

第一条　大日本帝国ハ万世一系ノ天皇之ヲ統治ス

第三条　天皇ハ神聖ニシテ侵スヘカラズ

と。そして、

第二十八条

日本臣民ハ安寧秩序《あんねいちつじょ》ヲ妨《さまた》ゲズ及ビ臣民タルノ義務ニ背《そむ》カサル限リ於テ信教ノ自由ヲ有ス

と、「信教の自由」をカッコつきではありますが、憲法に条文化させたのです。

「布教の自由」をたたかいとることはできたのですが、いびつな「政教分離」論に翻弄《ほんろう》され、あろうことか真宗教団は「神道」を国民がふまえるべき道徳、すなわち「非宗教」として受け入れてしまったのです。

一八九〇年（明治二十三年）には「教育勅語」が発布され、
一旦緩急《かんきゅう》アレハ義勇公ニ奉シ以テ天壌無窮《てんじょうむきゅう》ノ皇運ヲ扶翼《ふよく》スベシ
と、勇んで皇運にそって生きるよう、天皇の勅命が示されます。そして、一八九四年（明治二十七年）、清国と、韓国の覇権《はけん》をめぐって「日清戦争」が開戦。その戦争下、西本願寺の明如《みょうにょ》宗主は、次のような道歌を詠《よ》まれます。
〇のちの世は／弥陀の教へにまかせつつ／いのちをやすく君にささげよ
〇のちの世に／こころとどめず一すじに／進めや進めわが国のため
神道は「非宗教」などではなく、まごうかたなく宗教です。真宗教団は、神道を「非宗教」であり、「国民道徳」として受け入れた結果、真宗信仰のすべてを投げ捨て、押しも押されもしない天皇制宗教の信者となってしまったのです。そして、「進めや進めわが国のため」と門徒衆を積極的に戦場へ駆《か》り立てていったのです。

◆ ○ ◆

それから十年後、一九〇四年（明治三十七年）、満州を占領し、韓国へも影響を及ぼそうとしていたロシアの南下政策に対し、旅順港でロシア艦隊を奇襲攻撃し、「日露戦争」がはじまるのです。

戦争を肯定する動きに対し、その動向にラディカルに反対する「非戦論」の声も湧《わ》きあがっていました。歌人であり、作家であった与謝野晶子は、実弟らが戦場に駆《か》りたてられたことに「君死にたまふことなかれ」という詩を発表します。その詩には、

君死にたまふことなかれ
すめらみことは戦ひに
おほみずからは出でまさね

とも詠《よ》んでいます。「すめらみこと」とは天皇のこと、その天皇は「戦いに出で

まさね（ません）」と。

戦争は「大愚の極《きわみ》」と内村鑑三はいいます。この「日露戦争」に対し、「非戦論」の論者として活躍した木下尚江は

古来人類の最大の迷信はすなわち国家崇拝なり。

と指摘していますが、目をみはる思いがします。

「日清」・「日露」の戦争は、ともに勝利するのですが、双方に「いのち」の犠牲はいうまでもなく、莫大な戦費に国民は圧迫されていきます。

多大な犠牲をよそに、一九一〇年（明治四十三年）、韓国と「日韓併合」の条約を結び、韓国民から自国のことばと文化を奪い、日本語と皇民化教育をおしつけたのでした。

同年、国内にあっては、天皇の暗殺をもくろんだとして、政府は数百名の社会主義者を検挙。幸徳秋水をこの「大逆事件」の首謀者に仕立て、秘密裁判の上、

幸徳秋水ら十二名を死刑、十二名を無期懲役に処したのです。

「日露戦争」からまた十年、一九一四年（大正三年）に勃発《ぼっぱつ》した「第一次世界大戦」にも、「日英同盟」の「集団的自衛権」の名のもとに、この国は参戦するのです。

◆○◆

日露戦争後、日本の経済のいきづまりは、「第一次世界大戦」によって一転、空前の大戦景気を迎えるのです。戦争特需の景気は、一九一八年（大正七年）、ドイツの敗戦によって終結。日本の物価は高騰、三倍もの値上がりに、全国的に「米騒動」が起こるのです。

一九二二年（大正十一年）、全国水平社の創立大会が京都市岡崎公会堂で開かれ、部落解放をめざす運動がはじまります。その時、起草された「水平社宣言」には人の世の冷たさが、何《ど》んなに冷たいか、人間を勦《いた》はる事がなんであるかをよく知っている吾々は、人の世の熱と光を願求礼讃するものである。水平社は、かくして生まれた。人の世に熱あれ、人間に光あれ。

と謳《うた》い、自らの団結の力で解放をかちとる表明がされるのです。「水平社宣言」の起草者は、浄土真宗の僧侶・西光万吉でした。

また、一九一一年（明治四十四年）には、

元始、女性は実に太陽であった。真正の人であった。今、女性は月である。

と、平塚雷鳥（明子）らによって「青鞜社《せいとうしゃ》」がおこされ、後に編集を担当した伊藤野枝らによって女性解放運動に火がつけられていきます。

このような時代状況のなかで、一九二三年（大正十二年）九月一日、「関東大震災」です。関東一帯に大激震、つづいて大火災にみまわれ、東京をはじめ、関東全域に大被害をもたらしました。社会不安がつのるなか、「朝鮮人の暴動！」

という流言飛語が飛び交い、日本人の群衆によって「朝鮮人虐殺事件」は起こりました。その数は三〇〇〇人とも、六〇〇〇人ともいわれておりますが、すべて解明されぬまま、今にいたっているのです。

この事件は、日本人の意識にうえつけられた「攘夷《じょうい》」（外国人への差別意識）の思いこみが、「関東大震災」という被害意識と群集心理が相乗的に重なっての残虐《ざんぎゃく》・非道な行為となったのでは、と思われます。

◆○◆

「日清」・「日露」、そして「第一次世界大戦」にことごとく勝利し、「韓国併合」。中国は「南満州」・「台湾」・「山東省の権益」、ロシアからは「南樺太」などの領土権を獲得します。

しかし、植民地支配への不満は、支配されている国は言うまでもなく、諸外国からも非難が噴出します。

韓国の初代統監《とうかん》となった伊藤博文は、一九〇九年（明治四十二年）に暗殺されます。中国においても、一九二七年（昭和二年）・翌年と「山東省」への出兵、制圧を強行する日本の動きに、中国民衆の反日運動に火をつけていきました。

一九三一年（昭和六年）、満州の柳条湖の爆破によって「満州事変」開戦。この爆破を中国側のしわざだとして軍事行動にでるのです。「満州事変」が「十五年戦争」のはじまりです。

一九三七年（昭和十二年）、北京郊外の盧溝橋付近で日本軍と中国軍が衝突。これを機に軍部は軍事行動を拡大し、ついに中国軍に宣戦布告。「日中全面戦争」がはじまり、中国侵略が本格化していきます。

その年、南京城の内外において、幼児から老人に至るまで強姦・殺害、強盗、放火（三光作戦）を展開。犠牲者は双方にちがいがありますが、二〇万人から六〇万人に及びました。「南京大虐殺事件」といいます。

日・独・伊と「三国同盟」を結び、翌年の一九四一年（昭和十六年）、日本海軍は「ハワイの真珠湾」を奇襲。アメリカに宣戦布告し、「太平洋戦争」がはじまります。独・伊もそれぞれに開戦。「第二次世界大戦」へと広がっていきました。

しかし、戦局は悪化。一九四三年（昭和十八年）にイタリアは連合国に降伏します。一九四五年（昭和二十年）、ドイツもついに降伏。日本は、同年七月、米・英・中（後にソ連も参加）の「ポツダム宣言」（無条件降伏）を無視。八月六日、まず広島に、ついで八月九日、長崎に「原子爆弾」が投下されるのです。八月十四日、「ポツダム宣言」を受諾し、無条件降伏。「第二次世界大戦」は日本の敗戦で終息するのです。

広島・長崎は非戦闘員数十万の人が殺傷されました。「十五年戦争」・「第二次世界大戦」における内外の戦争犠牲者の「うめき」が聞こえます。

フィリッピンの戦火に散った詩人・竹内浩三の日記のかたすみには

アア／戦争ヤアワレ／兵隊ノ死ヌルヤアワレ
国ノタメ／大君ノタメ／死ンデシマウヤ／ソノ心ヤ

と、書きとめられてありました。

◆○◆

明治維新以来、戦争につぐ戦争でした。この国は、政治に携《たずさ》わる人々は言うに及ばず、国民も「いのち」に対する意識が軽すぎます。犠牲はあまりにも大きすぎましたが、一九四六年（昭和二十一年）、「日本国憲法」が公布、翌年に施行されました。第二章第九条に

日本国民は、正義と秩序を基調とする国際平和を誠実に危惧《きぐ》し、国権の発動たる戦争と、武力による威嚇《いかく》又は武力の行使は、国際紛争を解決する手段としては、永久にこれを放棄する。

前項の目的を達するため、陸海空軍その他の戦力はこれを保持しない。国の交戦権は、これを認めない。

と、「戦争放棄」・「武力保持の否定」が明記されています。武力の行使は、国際紛争であれ、いかなる争いであれ、解決できる手段でないことは明白です。

人はみな、「いのち」のただなかに、侵してならない・侵されてはならない「如来」を宿しているのです。「憲法九条」は、そのことを知らしめる人類普遍の願いであり、叫びなのです。

（69号　二〇一四・十一・一　発行）

一六　「いじめ」からの解放

イジメで自殺した人のニュースを聞くのは、もう絶対に嫌だ。それについて適当にコメントする大人達の言葉を聞くのも、もう嫌だ。もし、いじめている人がいるのだったら、もうやめようよ。そんな事したら相手だけじゃなくて、自分も傷つくよ。だから、もっとお互いを尊重しあうことを、まず覚えようよ！

イジメについて、私はこの本を通して、今の〝間違った現実〟を少しでも多くの人が考え直してくれたらな…、そう思って中学二年の夏から半年かけて書きました。私がこの本を書く直接的なきっかけとなったのは、やはり〝イジメ〟です。

この文章は、林　慧樹（みき）さんの『いじめ十四歳のMessage（メッセージ）』と言うタイトルの「あとがき」の冒頭に記された文章です。林　慧樹（みき）さんは、この文章からもうかがうことができるように、イジメの被害者なのです。

もうこんなのやめようよ！

イジメに遭《あ》っている友人の苦悩のありように、怯《おび》えながらもその一言を絞《しぼ》り出すように叫んだのです。その一言が、今度は一転して著者である林　慧樹（みき）さん自身がイジメの被害者に貶《おとし》められていくことになるのです。

「いじめ」の問題は、『浄蓮寺通信』第二号（一九八五年四月）に「いじめの構造」というタイトルで取り上げております。その冒頭に

「いじめ」という言葉が、動詞ではなく、名詞で使われるようになったのは、いつごろからかは知りませんが、それは、「いじめ」という非人道的行為が、ひとりの人間の生命を死の淵まで追い込んでしまうほどに残虐性《ざんぎゃくせい》を

おび、一般化してきたからかも知れません。

と書き始めています。「いじめ」は、今に始まった問題ではないのです。一方的に集団で、無視も含めて言葉や直接的暴力で、たった一人の存在を陥《おとしい》れ、虐待・排除していくのです。そのような非人道的行為は、ずっと以前からあり続けており、「村八分」もそうですし、戦時下において「非国民」というレッテル張りがされ、排除されたことは周知のとおりです。そのような大人社会の差別や排除が、子供たちの社会に反映していくことはいうまでもないことです。今は、学校における生徒たちの間の「いじめ」の問題だけが話題になっていますが、「いじめ」は大人社会のいたるところにおいても存在しているのです。

◆○◆

今、日本の社会は「狂っている！」、間違いなくそうだといえます。「いじめ」はいうに及ばす、親の子殺し、子の親殺し…。先般は、二十代半ばの女性が、わが子も、わが両親も共に寝ている部屋へ火を点け、焼き殺したと報じていました。日本の社会は、遂に「奈落《ならく》の底」（地獄）まで落ち込んでしまっているのです。日本の社会は、どうしてこんなにも狂ってしまったのでしょうか？

かつて、神戸で「酒鬼薔薇聖斗《さかきばらせいと》」と名乗る中学生が、連続して小学生を殺死させた事件がありました。その問題を『浄蓮寺通信』（第四〇号）で取り上げ、「少々乱暴な言い方になりますが」と断りながら、

日本の精神文化の主流においては、戦時には戦時のように、平和時には平和時のように、その時代の社会秩序にいかに身を寄せて生きるかということしか教えませんでした。したがって「欲しがりません、勝までは！」とその社会秩序を守る意識を最優先してひたすら従属するのみ…。

そのような精神文化であれば、「いのちの尊厳」とか「人権」といった人間の基本について語り合ったりすることなどあろうはずもないことです。戦

後になって、抑え続けられた主観意識（煩悩）が一気に爆発し、経済的復興は成し遂げましたが、人間中心・自己中心の思考回路に埋没していくのです。したがって、他者は自己の手段（道具）でしかないのです。人間の「いのち」までもモノとしてしか見ることができなくなっているのです。保険金目当ての殺人は、その典型的事例といえます。

戦後の大人社会がそうであれば、あろうことか「人を殺せばどうなるのか？」とか、単に「ムシャクシャしたから！」とかといった主観・感情が、「殺人」という行為に一気に直結してしまう狂気、まさに狂気の沙汰としか言うようないところまで、子供らの思考回路をズタズタに引き裂いてしまったと言えないでしょうか。

もはや、自身の主観・感情を問い返す術《すべ》を失ってしまっているのです。他者のことなど無関係、あるのは「エゴイズム」だけなのです。

と記しています。戦後の教育の方向は大きく変化したかに見えますが、「もっとお互いを尊重しあうことを、まず覚えようよ!」と林　慧樹(みき)さんがイジメられた側の立場から、私たちの最重要課題として訴えておられるように、われわれ日本人の人間観は〝ひどい〟の一語に尽きるのです。

◆○◆

五・六年前にもなるでんしょうか、次の詩が浮かび、当山の掲示板に書きました。

法蔵魂《ほうぞうたましい》

浄土は単なるユートピアではない
その世界を実現すべく
全ての人々が秘《ひ》められた魂を内蔵しているのだ
閉《と》ざされた法蔵魂の躍動《やくどう》を促《うなが》す叫び

それが念仏なのである

人間中心・自己中心の思考の回路しか待ち合わせていない我々に、もうひとつの道が促《うなが》されているのです。その道こそ、身勝手ではない・自己中心ではない・わがままではない絶対他者＝如来の真実心＝仏心に遭うことでしか、自分がどこにいるのか、そして、どのように歩めばいいにかが見えてこないのです。その出発点が明らかにならない限り、永遠に「奈落《ならく》の底」からの脱出はあり得ないのです。

「仏心」とは、存在の不思議を知らしむる働き、その不思議の内実が「衆生《しゅうじょう》本来仏《ほんらいぶつ》なり」なのです。このお言葉の出拠《しゅっこ》は、道元禅師だと聞いたことがあります。同じ意味で、親鸞聖人は『正信偈』に

能發一念喜愛心　不断煩悩得涅槃

（よく一念喜愛《きあい》の心を發《ほっ》すれば、煩悩を断ぜずして涅槃《ねはん》を得るなり）

と示してくださっています。煩悩を抱えたまま、この身は「涅槃《ねはん》なる存在」・「仏なる存在」という意味なのです。値打《ねう》ちなき「いのち」などあろうはずがないのです。私たちのこの「いのち」は、「浄土」という世界を実現すべく、「法蔵魂」をすでに内蔵しているのです。そして、その事実に目覚めるべく、叫び続けられている促《うなが》しの声、それが「念仏」なのです。

◆◯◆

「いじめ」は、威張《いば》る心・傲慢《ごうまん》な心によっておこされるのです。その心は、他者を貶《おとし》めることによって、ますます絶対化されていきます。絶対化された傲慢不遜《ごうまんふそん》な心は、自身では問うことができません。丁度、自分の顔は自分ではみることができないように…。「いじめ」の愚《おろ》かさに気づく道は、林　慧樹（みき）さんのような、浄土を願う心の所有者に遇うことだと思います。そして

「もうこんなのやめようよ！」

と、本当の世界を拓《ひら》こうとする林　慧樹（みき）さんが、この世に〝いっぱい〟誕生すること、それしか「いじめ」からの解放はないようです。

（49号　二〇〇七・四・七　発行）

一七　一茶の「桃太郎」考

小林一茶に

さるも来よ／桃太郎来よ／草の餅《もち》

という句があります。

誰もが知っている「桃太郎の鬼退治」というおとぎ話を下敷きにして詠《よ》まれた句です。

「桃太郎の鬼退治」のストーリーは、桃太郎が犬・さる・きじを家来に従え、鬼が島の鬼退治に出かけて行ったというあの話です。結果は、見事、戦（いくさ）に勝利し、戦利品をいっぱいたずさえて凱旋帰国《がいせんきこく》、めでたしめでたし。そんなおとぎ話です。

誰もが桃太郎の側の視座で、このおとぎ話を理解し、受け止めて来ました。しかし、この句は違うんです。この句は桃太郎らに徹底的に痛めつけられ、財産まで奪《うば》い取られたあの「鬼」が詠《よ》んだ句なのです。もちろん一茶が詠んだ句なのですが、鬼の視座から読んでいるのです。したがって、鬼と一茶は一枚になっているのです。

春になって、草の芽が芽吹いてきました。鬼はその芽を摘《つ》んで「草の餅」を作りました。「草の餅」を食べるにあったって「さるも来よ／桃太郎来よ」という世界へたどり着くのですが、どのような精神の葛藤《かっとう》をへてそこへたどり着くことができたのか、「鬼」の視座と同様に、その葛藤に迫ってみたいと思うのです。

◆ ○ ◆

一茶の句には、その視座に驚かされるのですが、この句もまたそうです。常識の見方に埋没《まいぼつ》しない、それを突き抜けた凄《すご》さがあります。

この句のことを考えているさなか、ふと脳裏をよぎったのは「西部劇」のことでした。

一四九二年、コロンブス（スペイン）は西回りの航路で「アメリカ大陸」を発見します。実をいいますと、コロンブスはインドへ行こうと考えていたのです。スペインを出航し、西へ西へ航路をとると、やがてインドへ着けると思っていたのです。コロンブスの世界地図には「アメリカ大陸」はなかったのです。したがって、「アメリカ新大陸・発見」などと、突然「アメリカ大陸」が生まれたかのような言い方が、当時のヨーロッパの見方でされていたのです。

また、アメリカ先住民のことを「インディアン」と今なお言っておりますが、インディアンとは「インドの人」という意味なのです。

インディアンという名前はわれわれのものではない。道に迷ってインドに上陸したと思いこんだあるまぬけな白人がくれたものだ。

というアメリカ先住民・スー族の人のことばがあるのです。以降、ヨーロッパからアメリカ大陸への移民が加速されて行きます。そして、白人の移民の群れによる開拓は西へ西へと広げられて行くのです。開拓といっても、その実態は先住民を蹴《け》散らし、生活権を奪い取っていったのです。それは「侵略」以外のなにものでもありません。

あの「西部劇」は、先住民の生活権を奪い、侵略していった側からの視点で作られた映画であって、アメリカの西部開拓を正当化し、「侵略」の実態をおおい隠《かく》すためのものでもあったのです。

学生当時は、「西部劇」の持つイデオロギーに疑問など持つことはありませんでした。白人の西部開拓の営みを正義とし、それにはむかう者は悪とする「西部劇」をそのまま受け入れていました。そして、そこに織りなす「西部劇」の人間模様に魅《み》せられて足しげく映画館に通ったことを思い出します。

◆ ○ ◆

一九九二年はコロンブスが「アメリカ大陸」を発見してから五〇〇年。コロンブスの業績を再評価しようという動きの中にあって、一九九〇年、ようやくにしてアメリカ先住民の視座からの「西部劇」が制作されたのです。その映画こそが、ケビン・コスナー監督・主演の「ダンス・ウイズ・ウルブス」なのです。

この映画は、それぞれにおいて見ていただきたいと思います。言いたいことは、「ダンス・ウイズ・ウルブス」という映画の内容は、小林一茶が詠《よ》んだ「さるも来よ／桃太郎来よ／草の餅」という句の視座に重なるように思えたから、「アメリカの西部開拓」の歴史の一端をしるしてみたことです。

常識とされるものは権力によって作られた「正義」です。それは圧倒的主流ですから、みなその流れに流されてしまうのが世の常なのです。そんな情況下にあって、だれも振り返ることのない、征服《せいふく》された側である「アメリカ先住民」や

「鬼」の立場に立つことのできたケビン・コスナー監督や小林一茶の凄《すご》さをあらためて思います。

ケビン・コスナー監督が「アメリカ先住民」に、そして小林一茶が「鬼」の位相に立つことができたのは、常識に埋没《まいぼつ》しない、常識を突き放して見ることのできる「もうひとつの眼」があったからなのです。

◆○◆

それにしても一方的に悪人にきめつけられ、痛めつけられ、生活権を奪い取られた「鬼」は、間違いなく怒り狂ったと思います。その主観・感情が身も心をも支配し、苦しみぬいたことでしょう。

そんな主観や感情に支配され続けたら、当然のことながら「鬼」は「仕返し」を考えたと思います。

「仕返し」は、怒り・はらだち・恨《うら》みといった感情の延長線上にあるものですが、そこに身をおくかぎり解放はありません。そうであっても、「仕返し」の心もまた消えてなくなるものではありません。

一茶の「鬼」も間違いなくわが思いで身を焼き尽くしながら、なおそこをつき抜け、「さるも来よ／桃太郎来よ」と、主観・感情を超えて同座しようと呼びかけているのです。

その立場をひらく鍵《かぎ》として、「教行信証」（化身土巻・後序）の次の文を想起《そうき》します。

慶《よろこば》しいかな、心を弘誓《ぐぜい》の仏地《ぶっち》に樹《た》て、念《おもい》を難思《なんじ》の法海《ほっかい》に流す。

それは、わが身・わが心すべてを、わが心ではない「弘誓の仏地」、すなわち如来の心に樹木の根のように拠りどころをおくことによって、わが思い（人間の主観・感情）がいつしか氷が解けるように「難思の法海」に流れ出していくのです。「鬼」が仏地に樹《た》つ一点において「さるも来よ／桃太郎来よ」と、同座することのできる世界が開かれていったのです。

桃太郎たちは、「鬼」と「草の餅」を共に食べながら、いつしか「鬼」の心に魅せられ、わが思いがひるがえされ、「鬼」と同一の地平に樹《た》ったことでしょう。

（60号　二〇一一・四・九 発行）

一八　「おらが春」考

小林一茶（一七六三～一八二七年）の句については、「浄蓮寺通信」で幾たびか取り上げ、紹介してきました。しかし、一茶の「おらが春」が「句文集」として編まれていることについては触れておりませんので、そのことについて述べてみたいと思います。

「おらが春」は、小林一茶が五十七歳（一八一九年・文政二年）の元旦から歳末までの一年間の折々の出来事についての随想を、「句文集」の形にして編まれ、一茶の代表作といわれています。「句文集」とは、文章もしたためられた句集という意味です。

一茶は五十二歳で結婚します。五十四歳のときに長男・千太郎が生まれますが、一月も満たぬ間に亡くなります。しかし、文政二年の前年に長女・さとが生まれます（五月四日）。このような時期に、一茶は自身の信仰の書「おらが春」を編むのです。

◆○◆

一年の初めは元旦からです。当たり前のことですが、それぞれに元旦の迎え方があります。一茶は「おらが春」の書き始めの部分で次のように言います。

おのれらは俗塵《ぞくぢん》に埋れて世渡る境界ながら、鶴亀にたぐへての祝尽しも、厄払ひの口上めきてそらぞらしく思うからに、から風吹けばとぶ屑屋《くずや》は、くづ屋のあるべきように、門松立てず煤《すす》はかず、雪の曲がり形《ま》りに、ことしの春もあなた任せになんむかへける。

○目出度さも／ちう位也／おらが春

「あなた任せ」は弥陀まかせの意であり、あらためて申すまでもなく、一茶は真宗門徒であり、篤い念仏者なのです。

「ちう位」は、中ほどという意味ではなく、信州の方言で「それほどのことでもない」といった意味なのだそうです。したがって、「目出度さも／ちう位也／おらが春」は、「世間では正月を迎えて、目出度い・目出度というけれど、私にとってはそれほどのことでもありません。私には私の春の迎え方があるのです」といった意味になります。

文政二年の元日を、一茶はどのように迎えたかを、続いて次のように記します。

こぞの五月に生まれたる娘に、一人前の雑煮膳《ざふにぜん》を居《す》へて
○這《は》へ笑へ／二ッになるぞ／けさからは
新たな年を迎えた一茶家族のほほえましい風景の一コマが見えてくるようです。しかし、世間に一般化した生活のありようとは異なって、鶴亀を添えての祝事や厄払いはせず、門松も立てない、真宗門徒としての新年を迎えるのです。それが

一茶の「おらが春」だったのです。

◆　○　◆

世間は、いつしか一茶のように生きた真宗門徒を「一向宗」といい、「門徒もの知らず」と非難・揶揄《やゆ》するようになりました。しかし、どのように罵《ののし》られようと、真宗門徒は、護るべき確固とした信仰がありましたから、世間の共同体信仰やその習俗に同調することはありませんでした。

「門徒もの知らず」と非難されても、なお一心一向に浄土真宗の立場を受け継いでおられる資料に出会いました。それは、ある民族学者が一九三四年（昭和九年）から三カ年にわたり、富山県上平村の山村生活を調査された中の一資料です。

◇「張切り、道切をして疫病や害虫の災難を除く風習はあるか」――「なし」

◇「病気をした場合などの御祈禱にはどこへ参詣するか」――「この土地ではしない」

◇「祭礼などの前に特に慎まねばならないことがあるか」――「なし」
◇「植えてよくない植物はあるか」――「何を植えてもよい」
◇「屋敷神・地神のある家があるか」――「なし」
◇「先祖の祭りようが足らぬということを心づく場合があるか」――「なし」
◇「盆に仏様をむかえにくるのはどの口（村の出入口）からか」――「墓へ参るだけで、仏様をむかえるということはまったくせず」

「法然の衝撃」（阿満利麿）より引用

質問は、すべて禁忌（もの忌み）に関わってのものであり、「もの忌みはしない！」と返答されているのです。言うまでもなく、調査された富山県上平村の集落は浄土真宗の盛んな地帯です。したがって、「門徒もの知らず」を立場として生活が営まれていたのです。

浄土真宗が盛んなところ以外では「昔からやっている」「皆がしている」と、

「もの忌み」は今でも自明のこととして受け継がれているのです。

◆○◆

横道にそれましたので、「おらが春」にもどります。

一茶の師匠寺である明専寺（浄土真宗）の十一歳になる息男（鷹丸《たかまる》）が亡くなったことを記しています。三月七日の出来事です。「せり」や「なずな」を摘んで遊んでいるうち、雪解けで水かさが増している川へ橋を踏みはずして落下。村の人達とともに捜索。その甲斐もなく遺体で発見されるのです。

「しかるに九日野送なれば、おのれも棺の供につらなりぬ」とありますから、師匠寺である明専寺とは懇意であったことがうかがえます。そんな悲惨なことに遭遇しながら、一茶は次のようにいいます。

長々の月日、雪の下にしのびたる蕗《ふき》・蒲公《たんぽぽ》のたぐい、やをら春吹風の時を得て、雪間〳〵をうれしげに首さしのべて、此世の明かり見るやいなや、ぼつりとつみ切らるゝ草の身になりなば、鷹丸法師の親のごとくかなしまざらめや。草木国土悉皆成仏《しっかいじょうぶつ》とかや。かれらも仏性得たるものになん。

雪の下から、この世の明かりを求めてのびてきた草々を、私たちは当然のように摘んでしまいます。一茶も同類なのです。しかし、そこで思考が終わりにならないのです。蕗・蒲公は言うに及ばず、すべての生きものが我々人間と同じように成仏できる本性をもっている存在、すなわち仏性をそなえ持っている「いのち」へと心が自然に動くのです。

誰からも見向きもされない「いのち」、否、発見されれば問答無用で打ち首にされるような「蚊《か》」や「蚤《のみ》」にまで焦点を当て、

○なむあみだ／仏の方より／鳴蚊哉《なくかかな》

○とべよ蚤／同じ事なら／蓮の上

と詠んでいます。「蚊」の鳴く声も、一茶には「なむあみだ」と、お念仏をすす

める声として聞こえてくるのです。また、人間につぶされる「蚤」に対して、「逃げろ！」。それでもつぶされるのであればせめて「蓮の上」で、と。一茶の真骨頂ではないでしょうか。

◆○◆

初めての誕生日を迎える娘・さとへの情愛はひとしおです。「お内仏のお参り」にも興味を覚え、お参りする娘・さとのさまを

持仏堂に蠟燭《ろうそく》てらして、鈴《りん》打ならせば、どこにいてもいそがわしく這《はい》よりて、さわらびのちいさき手を合わせて、「なんむ、なんむ」と唱ふ声、しほらしく、ゆかしく、なつかしく、殊勝《しゅしょう》也。

と書き記しています。元気に成長する娘・さとへの思いの句が寄せられ集められています。その中の二句。

○名月や／取ってくれろと／なく子哉

○涼《すず》風の／吹く木へ縛る／我子哉

しかし、娘・さとに思いもかけぬ出来事が起きるのです。一茶は「楽しみ極りて、愁ひ起る」と、そのくだりを書き始めていますが、さとは「水疱瘡《みずぼうそう》」という病におかされたのです。その結果は

終《つい》に六月二十一日の蕣《あさがほ》の花とともに、此世をしぼみぬ。母は死顔にすがりて、よゝ・よゝと泣くもむべなるかな。この期に及んでは、行《ゆく》水のふたたび帰らず、散花の梢《こずえ》にもどらぬくひごとなどゝあきらめ顔しても、思ひ切りがたきは恩愛のきずな也けり。

○露の世は／露の世ながら／さりながら

長男・千太郎に続いて、さとも幼くしてこの世を終えます。無常の事実は事実として受け止めながら、それでもなお「さりながら」なのです。こんな句もありました。

○頬《ほほ》べたに／あてなどしたる／真瓜哉《まくわかな》

○こどもらを／心でおがむ／夜寒哉《よさむかな》

◆ ○ ◆

一茶にとって、文政二年という年は、本当に悲しみの深き一年でした。それでも折々の句を詠み、やっと年の瀬を迎えました。

加えて「おらが春」を結ばなければなりません。その結びにあたって、一茶は、蓮如上人の御文章を真似て、わが信仰理解のありようを表白します。

さて後生の一大事は、其身を如来の御前に投出して、地獄なりとも、極楽なりとも、あなた様の御はからい次第、あそばされてくださりませと、御頼み申すばかりなり。如斯決定《かくのごとくけつじょう》しての上には、(中略) あながち作り声して念仏申に不及《およばず》、ねがはずとも仏は守り給ふべし。是則《これすなわち》、当流の安心《あんじん》とは申也。穴かしこ。

徹底して、生きる拠りどころを、わが思いではなく、如来の真実心に求め続けた一茶の真摯な姿があります。一茶は、次の句で文政二年の年の瀬と句文集「おらが春」を結ぶました。

○ともかくも／あなた任《まか》せの／としの暮

（56号　二〇〇九・十一・一　発行）

一九　もうひとつの「往生」

「お浄土は本当にあるんでしょうか？」

三十代に入ったころだったと記憶しています。ご門徒さんの報恩講にお参りし、そのお家のご主人であるAさんからの質問でした。どのように返答をしたのか思い出せませんが、おそらく答えに窮《きゅう》し、沈黙《ちんもく》したままだったのでは…、と思います。

Aさんから問われている「浄土」は、私たちが命を終えてからの死後の世界（来世）のことであり、その死後の「浄土」へ往《ゆ》き生まれる（往生）ことが浄土真宗の目的として語られて来ました。

「誰も見てきたものぁ、おりゃあしませんけぇ！」と、実体的に死後の浄土を語られる法話に対して、こんな皮肉交じりの陰口を耳にしたこともありました。Aさんのそれは、断じて皮肉を込めての謂いではありません。真摯《しんし》に聴聞を重ねれば重ねるほど、死後の世界としての「浄土」を思いこむことができなかったからであり、Aさんの信仰の根底を問い返す質問であったのです。Aさんの問いは、それ以来、私自身の課題としてあり続けることになりました。

◆ ○ ◆

Aさんの問いは、「往生」の問題だと言い換《か》えてもいいと思います。

法然上人までの「往生」の考え方は、この世の命が終わって後、他土である「浄土」へ生れることでした。それを、親鸞聖人は「信心をうる」この世のところで「往生」を問題にされているのです。聖人が著わされた『唯信鈔文意《ゆいしんしょうもんい》』に「即得往生《そくとくおうじょう》」の意を注釈され

信心をうればすなはち往生すといふ、すなはち往生すといふは不退転に住

するをいふ、不退転《ふたいてん》に住すといふは　すなはち正定聚《しょうじょうじゅ》の位に定まるとのたまふ御《み》のりなり、これを「即得往生」とは申すなり。「即」はすなはちといふ、すなはちといふは時をへず日をへだてぬをいふなり

と述べられております。

「往生す」＝「不退転に住す」＝「正定聚の位に定まる」は、全てこの世における「信心をう」の内容であって、親鸞聖人は、決して「往生」を死後の問題にしてはおられないのです。この立場こそ、親鸞聖人の革新性《かくしんせい》であり、「浄土真宗」なのだといっても過言ではないのです。

◆　○　◆

「浄土」を死後の問題にするのは、前世・現世・来世という三世の観念が染《し》みついているからなのです。そして、この三世を「何か」が行ったり・来たり、たったりする思考は、日常の暮らしの中で、随所で経験することです。

この三世因果《さんぜいんが》の考え方は、インドのヒンドゥー教に顕著《けんちょ》でした。そもそも、ヒンドゥー教の説く三世因果とは、前世の因が現世の果となり、現世に積んだ功徳が来世の果となるんだ、と説かれます。その三世を貫いて「霊魂」は不滅であるといわれているのです。

「霊魂不滅《れいこんふめつ》」と説くヒンドゥー教に対し、お釈迦さまは「霊魂」などといった固定的な「我」の存在を否定されるのです。全てのものに固定的で変化しないものなどあろうはずがない、それを「無我」といい、「空」というのです。同時に全てのものは「無常」であり、変化し続けていくのである、と。

「幽体離脱《ゆうたいりだつ》」という言葉をご存じだと思いますが、前世・現世・来世の三世を行ったり・来たり、たたったりする「霊魂」は、命終《みょうじゅう》の時、人間の身体から離脱し、死後の世界へ旅立つのだとまことしやかに思われているのです。

かって、死後の浄土往生を前提にし、「何が浄土に往生するのか?」が問題にされたことがありました。それをどのように答えることができたとしても「幽体離脱」と一緒じゃないかと思ったことでした。

この思考様式が「お盆」の基底にもあるのです。迎え火を焚《た》いて先祖の霊をこの世に招魂《しょうこん》し、慰霊《いれい》・鎮魂《ちんこん》するのです。そして、供養が終われば送り火によって死後の世界へ帰っていくのです。「お盆」は年に一度、この世とあの世を結ぶ架《か》け橋なのです。「お盆」は仏事だと思われているのですが、内容はどうやら三世因果にもとずいたもののようです。

◆　○　◆

「浄土真宗」は、死後のお浄土へ生まれることを目的とする、そんな宗教でしかないのか？という思いが冒頭のAさんの質問になったと思われます。来世のお浄土への往生が「浄土真宗」の目的とされれば、この世のことはどうでもよいことになってしまいます。したがって、折角《せっかく》の「信心」も、死後のお浄土へ生まれるためのキップでしかなくなり、この世を問い返す立場など何も成立しません。ひたすらこの世の状況に追随《ついずい》して生きるだけの念仏者を生産していくことしかできなくなってしまいます。

江戸の後期を生きた小林一茶（一七六三〜一八二七）が念仏者であったことはあまり知られていないようです。しかし、一茶の句の視座《しざ》には驚かされることばかりです。

○露《つゆ》の玉／できそこないは／ぜざりけり

まず「露の玉」に焦点が当たってることが驚きです。「露の玉のできそこない！」、「そんなものはあろうはずもありません！」と断言しているのです。この句は、一茶の人間観・平等観を表している句だと思います。

○仏法が／無くば光からじ／草の露

この句は、いかなる存在もねうちなきものなどいようはずがない、すべて輝ける命と見出す如来さまの人間観あふれる眼《まなこ》をいただいての句とうかがうのです。

一茶にはこんな句もありました。

○づぶ濡《ぬれ》の／大名を見る／炬燵《こたつ》哉《かな》

「下にぃー・下にぃー」と大名行列。一茶も道端《みちばた》へ飛んで行って頭《こうべ》を垂《た》れなければならんのです。年老いた一茶は中風にもなっていましたし、「づぶ濡」で寒さに耐《た》えることができない体調であったのか…。否、この句には、江戸時代の「身分制」の秩序《ちつじょ》を突き放し、冷ややかに見る眼を感じます。

時代はずーと下がりますが、幕末から昭和まで生きた島根県温泉津出身の浅原才市（一八五〇〜一九三二）に

才市や　臨終すんで　葬式すんで
みやこにこころすませてもろうて
なむあみだぶと　浮世すごすよ

という詩があります。この詩は、「信心」という内実を端的に表しています。信心は、信心前の自分の心の「葬式」を済《す》ませ、信心後は「なむあにだぶ」と浮世《うきよ》をすごすのだと。まさに「もうひとつの往生」なのです。

○さきのよを、ここでたのしむ、をやのさいそく

と詠んでもいます。命が終わってからの「往生」ではなく、「ここでたのしむ」のです。それは、わが身勝手に楽しむのではありません。「をや」とは阿弥陀さまのこと。「みやこにこころすませてもろうて」「浮世すごす」、それが弥陀のご「さいそく」なのです。

（55号　二〇〇九・八・十二 発行）

二〇　他力の信をえん(た)ひとは？

法然教団の専修念仏に対し、「念仏停止」の断《だん》がくだされたのが承元《じょうげん》三年（一二〇七年）のことでした。そのさまを、親鸞聖人は主著『教行信証』の後序に

> ひそかにおもんみれば、聖道の諸教は行証久しく廃《すた》れ、浄土の真宗は証道いま盛んなり。しかるに諸寺の釈門《しゃくもん》、教に昏《くら》く真仮の門戸《もんこ》を知らず、洛都《らくと》の儒林《じゅりん》、行に惑《まど》ひて邪正の道路を弁《わきま》ふることなし。ここをもって興福寺の学徒、太政《だじょう》天皇、後鳥羽の院と号《ごう》す、（中略）承元元年丁卯の歳、仲春上旬の候に奏達す。主上臣下、法に背《そむ》き義に違《い》し、怒りをなし恨《うら》みを結ぶ。これによりて、真宗の太祖源空法師ならびに門徒数輩《すはい》、罪科を考へず、みだりがわしく死罪に坐《つみ》す。あるいは姓名を賜《たも》うて遠流に処《しょ》す。予《よ》はその一つなり。し

かればすでに僧にあらず俗にあらず。このゆゑに禿《とく》の字をもって姓とす。と、記しておられます。法然（源空）上人は土佐へ、親鸞聖人は越後へ流罪。御歳は、それぞれ七十五歳、三十五歳の時でした。

「みだりがわしく」とは、「乱暴にも」とか「無秩序にも」といった意味です。その流罪が赦免《しゃめん》になったのは、それから五年後のことでした。

法然上人は流刑《るけい》の地・土佐から帰洛されるのですが、その年、八十歳で入滅されます。親鸞聖人はそのこともあってか、帰洛はされませんでした。

越後にとどまっておられた親鸞聖人は、四十二歳（一二一四年）のころに、なぜか東国（常陸）に赴《おもむ》いて行かれます。妻・恵信尼や子らとともに善光寺（長野）―浅間山の山麓―佐貫《さぬき》（群馬県）をへて稲田（茨城県笠間市）というところに落ち着かれます。そして、稲田を拠点にしての暮らしがはじまるのです。

なぜ東国なのか？　その理由については稿をあらためなければならないほどの

テーマです。加えて、二十年間の関東における親鸞聖人のありようもです。

ただ、親鸞聖人は、流罪によって「僧にあらず俗にあらず」という確固とした立場があります。「非僧」とは、権力におもねって、念仏者を落とし入れ、死刑を是認するような、そのような僧ではない。加えて、権力と、権力の持つ宗教性をそのまま受け入れ、その社会秩序にひたすら従属していく、そのような俗ではない、それを「非俗」といいます。親鸞聖人には「非僧・非俗」という立場が、自身の生きる基本としてありました。

いまひとつ、曾孫《ひまご》にあたる覚如上人の『改邪鈔』に、「わが大師聖人（親鸞）の御意《ぎょい》」として

つねの御持言《ごじこん》には、「われはこれ賀古《かこ》の教信沙弥《きょうしんしゃみ》の定《じょう》なり。（中略）たとい牛盗人《うしぬすと》といはるとも、もしは善人、もしは後世者《ごせしゃ》、もしは仏法者と見ゆるやうに振る舞ふべからず」と仰《おお》せあり。

と、記されてあります。妻子を持ち、お念仏をつねに称え、乞《こ》われれば民間の仕事を手伝い、「半僧・半俗」として生きた賀古（神戸）の教信沙弥というお方が、親鸞聖人にとって、生き方の手本とされていたのです。

いままでの僧ではない、今までの俗ではない、「あらたな僧・あらたな俗」を生きることが東国の暮らしのテーマとしてあったのです。

◆○◆

親鸞聖人は、『正像末和讃』の「皇太子聖徳奉讃」に、

　他力の信をえんひとは
仏恩報ぜんためにとて
如来二種の回向を
十方にひとしくひろむべし

と、和讃されています。「自信教人信」（自ら信じ、人をして信ぜしむ）、自らに

たまわった「信」は、それを一人でも多くの人々に伝え、ひろめようといういとなみを必然します。親鸞聖人の東国における二十年は、まさに「伝道」の日々だったのです。

生活の場は、当然のこととして農民層の中にあったと思われます。そのいなかのひとびとは、親鸞聖人が、東国の地を辞《じ》して後も、

おのおの十余箇国のさかひをこえて、身命《しんみょう》をかえりみずして、たづねきたらしめたまふ御志し、ひとへに往生極楽のみちを問ひきかんがためなり。

と、唯円が『歎異抄』(第二章)に書きしるしているように、東国の地にあって「往生極楽のみちを」求める同朋の誕生があったのです。

『親鸞と東国門徒』(今井雅晴著)には、

親鸞の門弟たちの名を列挙した『門侶交名牒《もんりょこうみょうちょう》』によれば、彼が直接教えを説いた面授《めんじゅ》の直弟子《じきでし》四十四名のうち、常陸《ひたち》国在住のもの十九名、下総《しもうさ》国四

名、下野《しもつけ》国五名、陸奥《むつ》国六名と、この四ヶ国だけで八割を占める。それらの門弟の多くは稲田から半径三十キロから四十キロ以内の所に住んでいた。そこで親鸞は稲田から一泊二日の行程の範囲内で布教活動を行うことが多かったと判断される。

と、親鸞聖人の伝道のさまと、その成果を記しておられます。『門侶交名牒』に名が記された面授の直弟子のすそ野には、東国一円に一万人を超すお念仏の同朋が数えられる、と推定された方もありました。

◆〇◆

いつしか東国における伝道の日々も二十年の歳月が過ぎていきました。親鸞聖人は、東国の多くの念仏の同朋と訣別し、帰洛されるのです。

東国の地に、お念仏を立場として生きようとする人びとと、その人びとに育まれつつある新たな共同体=同朋社会を後に、なぜ帰洛なのか?。親鸞聖人は、そのことについては何も語ってはおられません。

文脈とはそれますが、京都・栂尾《とがのお》に高山寺《こうさんじ》という古刹《こせつ》があります。高山寺は、承元の念仏弾圧（一二〇七年）の断を下《くだ》した後鳥羽上皇が、南都の学僧である明恵《みょうえ》に寄進したお寺です。その明恵は、法然上人の『選択本願念仏集』の批判書である『摧邪輪《さいじゃりん》』を、一二一二年に著します。「邪輪」とは、法然上人の専修念仏。「摧」は「くだく」と読みます。題名からして露骨な一書です。専修念仏に対する批判は止《や》んではいません。

嘉禄《かろく》三年（一二二八年）には、天台宗の僧たちが、法然上人の墓所を破壊。法然上人の遺骨だけは何とか難を逃れ、別の場所へ移されましたが…。

加えて、朝廷は天台座主の訴えによって、法然門下の「隆寛」を陸奥《むつ》へ、「幸西」を壱岐《いき》に、「空阿」を薩摩《さつま》へ遠流《おんる》に処《しょ》します。念仏弾圧はうち続きます。

いまなおうち続く念仏弾圧、その拠点である京都に帰って行かれる真意は？。

諸説がありますが、ここではすべて割愛します。

親鸞聖人はすでに六十歳を、妻・恵信尼も五十歳を超えておられます。老いの身であっても、なお帰洛を決意させるものがあったからなのです。

それは、法然上人に導かれ、聴き開いた浄土真実の教え、すなわち「浄土真宗」を、東国の人々のみならず、専修念仏を弾圧する南都北嶺の「諸寺の釈門」や洛都の「主上臣下」も含め、その時代に生きるあらゆる人々に。そして、時代を超えて、すべての人々に公開しなければ、という思いが終始あり続けていたからだと思います。したがって、そのためには『教行信証』の完成を急がなければなりません。そのすべてを成りたたしめるところ、それは「洛都」なのです。親鸞聖人にとって「帰洛」という選択は、年齢的にはギリギリだったと思います。

◆ ○ ◆

帰洛後、ようやくにして完成した『教行信証』。その「教巻」の冒頭は、つつしんで浄土真宗を案ずるに、二種の回向《えこう》あり。一つには往相《おうそう》、二つには還相《げんそう》なり。往相の回向について真実の教行信証あり。

というご文からはじまります。

このご文で、まず押えておかなければならないことは「回向」です。「回向」の一般的な意味は、自分がなした布施などの善行《ぜんぎょう》を、他者の功徳にさし向《むけ》ること、といった意味になります。法事などをつとめますと、世間の方から、「ええことをしてあげんさったねー」といったことばを聞くことがあります。それは、われわれがなした追善供養、それを「回向」といっております。

しかし、親鸞聖人はこの「回向」について、『正信念仏偈』(曇鸞讃)には

往還回向由他力（往還の回向は他力による。）

正定之因唯信心（正定《しょうじょう》の因はただ信心なり。）

といわれ、「往還《おうげん》」、どちらの回向も「他力」、すなわち、如来のはたらきによる

のだ、と。したがって、われわれがなす「回向」ではなく、「他力回向」であり、「本願力回向」なのです。そのことを『一念多念証文』には、

「回向」は、本願の名号をもつて十方の衆生にあたへたもう御のりなり。

と。「回向」は、如来からわれらに「与えてくださったもの」という意味であり、われわれの方からいえば、如来より「たまわったもの」「いただいたもの」ということなのです。「他力回向」は、そのことを示すみのりなのです。

『正信念仏偈』（曇鸞讃）の前文に続いて

惑染凡夫信心發（惑染《わくぜん》の凡夫、信心發《ほっ》すれば、）

証知生死即涅槃（生死すなはち涅槃《ねはん》なりと証知せしむ。）

とあります。それは、「われわれ凡夫が、如来の呼びかけ・はたらきかけにうなずく身になったなら、迷いのままに涅槃があたえられていることに気づかされるのである」という意味なのです。

この身にたまわっている「涅槃」について、親鸞聖人は、『唯信鈔文意』に、

「涅槃」をば滅度といふ、(中略)、真如といふ、一如といふ、仏性といふ。仏性すなはち如来なり。この如来、微塵《みじん》世界にみちみちたまへり、すなはち一切群生海の心なり。

と。涅槃＝滅度＝真如＝仏性＝如来は、この世界にみちみちており、すべてのものの「心」なのだ、と。

◆○◆

ふと、脳裏に浮かんだのは、お念仏をよろこんくださった浅原才市(江津市温泉津)の次の詩です。

ええな　世界虚空《こくう》がみなほとけ
わしもそのなか　なむあみだぶつ

と、うけとめ、

才市や、如来さんわ、だれか。

如来さんか(い)。

へ。如来さんわ、才市が如来さんであります。

才市はそう領解《りょうげ》したのです。それは如来よりたまわったものであり、それを「往《おう》相《そう》回向」(自利)といい、同時に大悲を行じていこう(常行大悲《じょうぎょうだいひ》)という利益をもいただいているのです。それを「還相回向《げんそう》」(利他)といいます。この二種の「回向」は、信心の内容であり、すがた(相)なのです。

『一念多念証文』には、

真実信心を得れば、(中略)、すなはち、とき・日をもへだてず、正定聚《しょうじょうじゅ》の位につき定まるを「往生を得」とはのたまへるなり。

と。「真実信心を得」たそのときが「往生を得」たとき、なのです。決して、死後のお浄土参りのための教えではありません。

したがって、帰洛後の親鸞聖人は、隠遁《いんとん》の暮らしとはよほどかけ離れたものでした。『浄土和讃』『高僧和讃』(七六歳)、『唯信鈔文意』(七八歳)、『一念多念証文』(八五歳)、『正像末和讃』(八六歳)など、書き著しては、「御消息《しょうそく》」(手紙)に添《そ》えて、その写しを東国の人々へ書き送っておられます。老いを引きずりながら、「他力の信をえんひとは/仏恩報ぜんためにとて」と著されたご和讃(正像末和讃)のままの暮しでした。

(71号　二〇一五・八・十一　発行)

二二　一番大事なものは？

七月三十日（二〇一五年）、久しぶりに当山おいて「子供会」が開催されました。

かっては、「仏教婦人会」の支援をいただいて、一泊二日の日程で、それも当山単独で「子供会」を開催しておりました。最初のころの参加者は、すでに還暦を過ぎておられます。

しかし、三十三年前の石見地方を襲った集中豪雨は、当山の本堂に多大な被害をもたらし、使用不能になりました。加えて「少子化」という現象も手伝って、いつしか当山から「子供会」が消えていきました。

そんな中、三隅組で「子供会」を開いて行こうということになり、今年、当山が会場を引き受けることになったのです。三隅組のお寺は、三隅町を中心に、東は周布町より西、西は益田市の一部（木部町、大草町より東、そして美都町）。それに弥栄町が加わり、現在二十二ヶ寺で組織されています。

参加いただいた児童は四十二名。住職の担当は開会式の挨拶でした。その時、当山の掲示板に

一番大事なものは？

ここ（お寺）はそのことを学ぶところです。

と墨書し、掲示しておりましたから、そのことをお話しすることにしました。

◆○◆

「一番大事なもの」について尋ねてみました。

「お金だと思う人？」。即座に「はい！」と手を挙げる児童もおりました。続いて、「両親だと思う人？」、「友達だと思う人？」とも尋ねてみました。即答し

にくいテーマですから、首をかしげながら聞いておりました。忘れておりましたが、「いのち」だと答える人もいると思います。

「一番大事なもの」について、「結論を言います」と断って、

南無阿弥陀仏

です、と。

「南無阿弥陀仏」は阿弥陀さまの心、浄土真宗のお寺は、それをご本尊として本堂にご安置しているのです、と内陣の中心（ご空殿）を指し示しました。児童たちには理解不能だと承知しながら、それでもこのことばを「覚えてほしい！」・「知ってほしい！」との願いから、そう話させていただいたのです。

「南無阿弥陀仏」は、もとはインドのことばで、「ナーモ・アミタブッダハ」といいます。それを中国で翻訳するのに、意味の上で訳さずに漢字を重ね合わせる訳し方（音訳）をしました。

「南無阿弥陀仏」を日本語に訳しますと、
　わが思いで「いのち」を見てはいけません。一人残らず如来さまから、如来さまと同じ「尊さ」をいただいているのです。その上で、人はみな平等。ねうちなき「いのち」などあろうはずもありません。尊びあい、助けあい、支えあって生きていきましょう。
と、私たち一人ひとりに真実の世界から、呼びかけ・働きかけられてある必死な叫び、それが「南無阿弥陀仏」なのです。
「南無阿弥陀仏」は、かつては意味は不明にしても、日常生活の中で、おじいさん・おばあさんたちが耳にタコができるほど、お念仏しておりましたから、だれもが耳にしてきたことばです。しかし、第二次世界大戦をくぐり、戦後の産業構造の変化とともに、今までの「家族制度」は崩壊し、結果として「核家族化」がもたらされ、いつしか「お念仏」は、暮らしの中から消えていきました。おそらくほとんどの児童は、はじめて聞くことばであったかも？
だからこそ、真の「南無阿弥陀仏」の文化をこの時代社会に構築するためにも、
一番大事なものは「南無阿弥陀仏」です。「南無阿弥陀仏」の意味を学び、如来の願いに生きていこうとする一人ひとりになりたいものです。
と結び、挨拶を終えさせていただいたのでした。

◆〇◆

「一番大切なもの」、すなわち如来の真実心（普遍宗教）への献身がなかったなら、あるのは「わが思い」（主観・感情）だけです。

「わが思い」は、あくまでも自己中心です。「他者とともに」という世界を拓《ひら》かないのです。「愛憎違順《あいぞういじゅん》」という熟語がありますが、二人の関係が相思相愛であれば、当面うるわしい関係を生みますが、それが崩れますと憎くしみにかわっていきます。

特定の人につきまとう「ストーカー行為」、夫や親密な関係にあるパートナーから受ける暴力行為を「DV」（ドメスティック・バイオレンス）といいますが、両者とも、一年間に警察に持ち込まれる相談の件数だけでも数万件に達するといわれております。

「ストーカー行為」や「DV」が、悲惨な「殺人」をもたらしていることの報道を耳にするたびに、いたたまれぬ思いと深い痛みを覚えます。

そこにある両者の関係は、強者と弱者、支配者と被支配者であり、強者・支配者の論理が弱者・被支配者へ一方的に「暴力」をともなって押しつけられていくのです。

すべての「ひと」の上に、われわれの思いを超えて、それぞれが侵《おか》してならない・侵《おか》されてならない「尊厳」を宿しており、その限りにおいて平等である、といった人間観がもたらす世界とは無縁な、それは、まさに地獄絵図が繰り広げられるのです。

このような行為に陥《おちい》っていくのは、特性はあるにせよ、だれもが内在しているものであり、親鸞聖人は『一念多念鈔文』に、

「凡夫」といふは、無明煩悩われらが身にみちみちて、欲もおほく、いかり、はらだち、そねみ、ねたむこころおほくひまなくして、臨終の一念に至るまでとどまらず、きえず、たえず。


といわれています。「凡夫」から解き放たれた「ひと」は、ひとりだって存在しません。

「いかり」や「はらだち」という感情が、わが心を支配した経験はひとり残らずあると思います。その感情は、心のひだ深くに、とりつくように住みつき、炎のように燃えさかり、エスカレートしていきます。

たまたま心の内側のことで済んできただけのことで、「いかり、はらだち、そ

ねみ、ねたむこころ」が縁にふれれば、他者をも焼き尽くしていくあやうさを抱え込んでいるのです。そのことは、「臨終の一念に至るまでとどまらず、きえず、たえず」なのです。

◆○◆

福島原発が爆発してから四年半が経過しました。今なお十万人を超える人たちが故郷を追われての生活を余儀なくされているといわれます。

加えて、放射能が降り注いだ面積は、机上のうえでは計算できても、「除染《じょせん》」という作業が可能なところはほんの一部。放射能を含んだその廃土《はいど》は、「除染」が進めば進んだだけ山積みされ、いたるところに放置されているのです。

この「除染」も、福島原発の「廃炉」も、すべてが国民の負担によってまかなわれるのです。

これだけの被害者がありながら、加害者は一人もないのです。「加害者なき被害」が福島原発の爆発事故の現在なのです。責任をとることを放棄したまま、鹿児島の「川内原発」は再稼働をはじめました。

国と電力会社がそうであれば、この国は、大人はいうに及ばず、子供の世界にも残虐極まりない事件が連続しております。その中には、「人を殺してみたかった！」からとか、「人を殺せばどうなるのか？」との理由で、人の「いのち」が無残にも奪われているのです。まさに「狂っている！」としかいいようのないこの国の現実なのです。あらためて、

五濁悪時悪世界
濁悪邪見の衆生には
弥陀の名号あたえてぞ
恒沙《ごうじゃ》の諸仏すすめたる

と、ご和讃（浄土和讃・弥陀経讃）くださった親鸞聖人の意を思うのです。

弥陀の名号、すなはち「南無阿弥陀仏」の必死な叫びに耳を傾け、うなずく身になることにおいてしか、「狂っている！」事実を「狂っている！」と認識することができないのです。

問題の出発点は、この国の現在を「狂っている！」と認識することのできる自分を確立すること。その「念仏」文化をまずもって「家庭」に、そして、この国の「社会」に大きくおし広げていく課題がこの身に課せられているのです。

大事な、かけがえのない一人ひとりの身なのです。

（72号　二〇一五・十一・一　発行）

二二　「老い」を生きる

いつしか「古稀」を迎えました。

六十歳代は両親の介護がありました。在宅での生活を基本にしていましたから、両親の老いていく事実を、介護する側も共有していかなければなりません。老い衰えていくすべてを引き受け、生き抜き・生き終えた両親に、今、言葉を送るとしたら「本当にご苦労さんでした」です。その言葉は、老い衰えていく両親のいのちを共有した我々にも同様にです。

介護を終えてみますと、この身に「老い」がずっしりと重たく迫っていることを実感します。

『老い衰えゆくことの発見』（天田城介著）という本を見つけ、求めました。

著者は、

> 老い衰えていくとき、「できたことができなくなる身体」をどう生きるかが、重要な課題となる。人々の多くは、「できる私」が望ましいという「物差し」で生きてきたはずだ。それゆえ、できなくなっていく時、当事者は幾重にも苦悩・葛藤することになる。

と、「老い」のさまを語っておられますが、そのとおりなのです。

◆○◆

わが身に起こったことですが、六十の半ば頃からでした。声が以前のようには出なくなったのです。もしかして、アレルギーの症状かも?と思い、病院で診察してもらったら、やはり「そうだ!」と。一年間近く治療と服薬しましたが回復しません。

思い切って病院を変えてみました。この声を聞くや否や、その医師は「声が漏《も》れていますよ」、と。内視鏡で診察しながら、「病名は声帯溝症《せいたいみぞしょう》です」、と。

「声帯溝症」という病名は、聞き慣《な》れないものですから、声帯がどんな状態になっているのかを聞いてみました。

「声帯にしわのような溝ができ、締まりが悪くなって声が漏れるのです。若い時にはぷっくりと潤《うるお》いのある声帯で、声もよく出るのですが…」、と。

「どうしてそうなったのか、原因は？」と尋《たず》ねてみました。「やはり、加齢《かれい》が一番の原因でしょう」とのことでした。

最大の問題は、「声帯溝症《せいたいみぞしょう》」という疾病《しっぺい》が治るかどうかです。恐る恐る「治りますか？」と聞いてみました。即座に「治りません」との回答です。治療の方法もことさらないとのこと。

私にとって、声を出すことは必要不可欠ですし、精神的ダメージはかなりのものがありました。声が出ないので、何とか声になるように頑張って声帯をくっつけていたんでしょう、結果として疲れるのです。状態が悪化していけば声が出なくなるかも、といった不安もよぎるのです。

しばらく時間をおくことによって、「これが〈老い〉ということなのか」と、しぶしぶこの事実を引き受けざるを得ないことに気づくのです。

「声帯」だけではありません。「目」も「耳」も、「腰」も「膝」も治らない障害を抱《かか》えていくのです。それに「もの忘れ」も加わるのです。

「老い」を身体の上だけでいえば、「治らない障害」が次第に増していくのです。それらは老いるに従って、すべて本人の思いを超えて襲《おそ》いかかってくる事実なのです。

◆　○　◆

天田さんは、『同著』において
「できる私」の「物差し」から価値づけられてきた「私」は様々なことが

できなくなることによって、まるで自分を支えてきたものがボロボロになっていくように感じてしまい、自らの自尊心がズタズタに引き裂かれてしまったように感じてしまうのだ。

とも述べておられます。

社会の「物差し」は、「できる私」を求めてきましたし、その「物差し」を基盤にして成り立っているのです。社会の成り立ちがそうであれば、「治らない障害」を背負うことを余儀《よぎ》なくされたものは、自他共に「ダメになった！」「値うちがなくなった！」と存在の否定がされていきます。社会にあるのは「健康幻想《けんこうげんそう》」でおおい尽くされており、当事者は生きる意味を失っていくのです。

この「健康幻想」は、「ぽっくり信仰」といった社会現象さえも生んだのです。「健康幻想」はまごうかたなく障害者差別の元凶《げんきょう》でもあり、当面の健常者も障害を背負っている者も、共に・いっしょに手をたずさえて生きうる「人間観」の樹立《じゅりつ》と歩みが一人ひとりに求められているのです。

すべてのものが共生しうる「人間観」については後述することにして、「介護保険制度」の導入《どうにゅう》について触《ふ》れおきたいと思います。

◆　○　◆

上野千鶴子さんの『老いる準備』には

介護保険は家族革命だった、とわたしは思っている。「革命」というのは非常に強い表現だが、天地がひっくり返るような変化のことをいう。なぜあえてそういう強い表現を使うかというと、介護保険で、家族観が変わったからである。「介護はもはや家族だけの責任ではない」という国民的合意ができたからこそ、介護保険は成り立った。これを介護の社会化という。社会化の前は、何だったかというと、介護は私事化されていた、つまり「家族の責任」だったのである。

と、「介護保険制度」について述べておられます。

わが両親の介護は、この「介護保険制度」とぴったり重なっての介護でした。介護の責任が、「介護の社会化」という標榜《ひょうぼう》で、家族にのしかかっていた枠《わく》が突《とっ》破《ぱ》われたことは、上野さんが言われるように革命的だったと思います。この制度に大いに助けていただいたことは事実です。しかし、両親の介護が、今までの「家族の責任」からすべて解き放たれたかというと、やはり「否」です。

食べた物が食道に行かず、嚥下（えんげ）の誤作動によって気管支に入ってしまうことがあります。それを「誤嚥」（ごえん）というのだそうですが、その結果、父は肺炎になり入院することになったのです。九十七歳も終わりのころでした。それも何とか持ち直して退院にこぎつけたのですが、一か月以上もの入院生活でしたから、足はすっかり衰えておりました。

リハビリも含めて、デー・サービスを望んだのですが、その後は介護保険の恩恵にあずかることができませんでした。その理由は定かではありませんが、あまりにも高齢者であり、肺炎などの病気もふくめて「もしものことがあっては…」と、敬遠されたのだと思います。

それから六カ月の間、二度目の「誤嚥」によって再び入院するまで、入浴も含めてすべて在宅での介護でした。

はじまったばかりといっていい「介護保険制度」ですから、検討しなければならない問題点が多く潜《ひそ》んでいると思います。それはそれで善処《ぜんしょ》していけばよいのですが、介護がすべて「社会化」にはならないという覚悟だけはしておく必要があるように思います。

◆　○　◆

老いていく延長線上に、いつしか、必ず一人では生きられなくなっていきます。そして、介護する側もされる側も、老い衰えてゆく「いのち」をどのように受け止めていくかが、不可欠であり、大切なテーマなのですが、それは、置き去りにされたままです。

かって、龍谷大学の学長であった二葉憲香先生がおっしゃった

わがいのち、わがいのちにあらず

という至言があります。誰ひとり、わが思いで生まれてきたものはおりません。性の別もそうです。また、老いも死してゆくことも、わが思いを超えてのものです。まさに名言・至言なのです。

その「いのち」を、わが思いでくくって、「ダメになった！」「値うちがなくなった！」と、かってに否定するのです。わが思いは、身体の上で・機能の上でしか「いのち」を見ていないのです。

「いのち」はそれ自体がわれを超えており、たまわった「いのち」なのです。

その「いのち」のただなかに、みな等しく絶対平等にして絶対尊厳を宿している

のです。老いたこの身も同様です。その事実を発見くださったお方が「お釈迦さま」だったのです。

その事実を万人がうなずく「ことば」にしてあったのが「南無阿弥陀仏」、そのことを日本の地にあって顕《あきら》かにしてくださったお方が「親鸞聖人」です。

今年四月、九十歳で亡くなった俳優の三国連太郎さんが、自著『わが煩悩の火はもえて』の中で、

南無阿弥陀仏は
人間平等の呼びかけであり、応えである

と、いわれております。真実の世界から、この私に、必死に呼びかけ・叫び続けてあるのです。呼びかけのその「ことば」(南無阿弥陀仏)に耳を傾けなかったら、愚痴に終始するばかりです。

(66号　二〇一三・十一・一　発行)

二三 「親鸞」という名のり

親鸞聖人が比叡の山を下り、法然上人の専修念仏《せんじゅねんぶつ》の門に帰入されるのが一二〇一年（建仁元年）、二十九歳の時でした。そのことを『教行信証』の後序に

しかるに愚禿釈《ぐとくしゃく》の鸞《らん》、建仁辛酉の暦、雑業《ぞうぎょう》を棄《す》てて本願に帰す

と記されております。

念仏のほかは雑業と切り棄てる専修念仏の法然教団に対する比叡山延暦寺などからの批判の声はたかまっていきました。

そのような批判の声に対して、法然上人は教団内部に対して、無益な批判を受けないように「七箇条制誡《せいかい》」を定め、一九〇人の署名を集め、門弟の誓約を取りつけるのです。親鸞聖人は八十七番目に「僧綽空《しゃっくう》」と連署されています。一二

〇四年（元久元年）十一月のことでした。
明くる一二〇五年（元久二年）十月、興福寺衆徒・貞慶《じょうけい》は「興福寺奏状」に次の九ヵ条の専修念仏の失（あやまり）を示します。
一条　新宗を立つる失　　二条　新像を図《ず》する失
三条　釈尊を軽んずる失　　四条　万善を妨《さまた》ぐる失
五条　霊神に背《そむ》く失　　六条　浄土に暗き失
七条　念仏を誤る失　　八条　釈宗を損する失
九条　国土を乱る失
その「興福寺奏状」を後鳥羽上皇に呈示し、専修念仏の停止を訴えます。
一二〇七年（承元元年）二月、ついに後鳥羽上皇は「専修念仏停止」を宣下するのです。

◆　〇　◆

その内容については後述しますが、「七箇条制誡」に、親鸞聖人は「僧綽空」と署名されておられます。「綽空」は親鸞聖人の別名と思われるかもしれませんが、そうではありません。のちに、「綽空」をあらためて「親鸞」と名のられるのですが、それはまだ後のことです。

「綽空」とは、七高僧の四人目の道綽禅師の「綽」と源空法師（法然上人）の「空」をとり、法然上人からいただかれた実名なのです。

「善信」というお名前もお聞き及びのことと思います。奥方である恵信尼公も、『恵信尼消息』のなかで「善信の御房」と言われていますし、『歎異抄』には法然上人のことばとして

　源空が信心も、（中略）善信房の信心も、如来よりたまはらせたまひたる信心なり。

と、「善信」というお名前が出てきます。「善信」とは、七高僧の五人目の善導大

師の「善」と、この国の『往生要集』を著された源信和尚の「信」をとってつけられたものですが、それは、「綽空」の後の実名だと思い込んでおりました。しかし、それは誤りで、「善信」は実名ではなく、「房号」だという指摘がなされていたのです。いわれてみれば、恵信尼公は「善信の御房」と、『歎異抄』では「善信房」と、どちらも「房」がついております。

「房号」とは、その当時は実名敬避《けいひ》の習慣があり、日常生活では実名使用を避《さ》け、呼び習わされた名をいうのだそうです。したがって、「善信房綽空」と法然上人から「房号」ともどもいただかれたのだという主張なのです。

折角、師・法然上人（源空）からいただいた実名を、時を経ずしてなぜ改名されるのか、府に落ちぬ気がしておりました。しかし、その疑問は「房号」説を知るに及んで納得することができました。

◆　○　◆

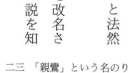

少し横道にそれましたが、本題へ戻ります。

「専修念仏停止」が宣下されますと、この国における最大の宗教弾圧である「承元《じょうげん》の法難」に遭遇《そうぐう》するのです。

直ちに四人の死刑が執行されます。安楽房は六条河原で、住蓮房・善綽房・性願房は住蓮房の出身地である近江国馬淵で斬刑に処せられます。

その事実を、親鸞聖人は主著『教行信証』後序に、

真宗の太祖源空法師並びに門徒数輩《すはい》、罪科を考えず、みだりがわしく死罪に坐《つみ》す。あるいは姓名を給うて遠流に処す。予はその一つなり。

と記されています。

その前の年（一二〇六年）の十二月、後鳥羽上皇は熊野詣《もうで》（紀州）をされるのです。その最中、女官松虫・鈴虫は宮中を退去し、東山・鹿ヶ谷の草庵において、安楽房・住蓮房のもとで剃髪《ていはつ》・得度《とくど》されたのです。それが後鳥羽上皇の逆鱗《げきりん》

に触《ふ》れ、蛮行《ばんこう》・暴挙《ぼうきょ》としか言いようのない、まさに「罪科を考えず、みだりがわしく死罪に坐《つみ》す」ことになるのです。

『歎異抄』には、蓮如上人の書写による「承元《じょうげん》の法難」の流罪記録があります。

法然上人ならびに御弟子七人、流罪。また御弟子四人、死罪におこなはるるなり。聖人(法然)は土佐国幡多といふ所へ、罪名、藤井元彦男云々、生年七十六歳なり。

親鸞は越後国、罪名、藤井善信云々、生年三十五歳なり。

浄聞房・備後国、澄西禅光房・伯耆国、好覚房・伊豆国、行空本法房・佐渡国、幸西成覚房・善恵房二人、同遠流に定まる。しかるに無動寺の善題大僧正、これを申しあづかると云々。遠流の人々、以上八人なりと云々。

それにしても、法然上人に続いて親鸞聖人がなぜ遠流なのか?。法然上人は専修念仏教団のトップであり、裁く側からいえば当然なのでしょうが、前述したように親鸞聖人は法然門下では中ほどの位置におられた方、その人がなぜ「流刑」という極刑なのか？ という疑問は拭《ぬぐ》い去ることはできません。

その疑問に対しては、裁く側において、親鸞聖人はのちに「浄土真宗」を開宗されるほどの能力を持っておられることを見抜いての対処だ！ との指摘がありますが、それは、身びいきにすぎますし、そんな能力が、権力の側にあろうはずもないことです。したがって、その説には首肯しかねるのです。

前掲の『歎異抄』の「承元の法難」の流罪記録の終尾に「幸西成覚房・善恵房二人、同遠流に定まる。しかるに無動寺の善題大僧正、これを申しあづかると云々」とあります。

幸西房・善恵房のお二人とも「流罪」という罪状が決定していたのですが、無動寺の善題大僧正の申し出によって、二人の身をあずかることとなった、ということなのです。結果としてお二人は流罪をまぬかれておられるのです。ちなみに、幸西房の「七箇条制誡」の署名は十五番目、善恵房は四番目でした。善恵房は実名を証空といい、のちに浄土宗西山派の始祖となられた方です。

幸西房・善恵房のお二人の身をあずかった「無動寺の善題大僧正」とは、摂政関白・九条兼実の実弟にあたり、のちに天台座主になられた慈円慈鎮和尚のことです。親鸞聖人が九歳のとき、青蓮院の慈円慈鎮和尚のもとで出家・得度されたことは、ご周知のことと思います。

親鸞聖人は、お二人のようなとりなしを受け入れられなかったという説もあるのですが…。

◆ ○ ◆

この裁きは、後鳥羽上皇の身勝手（恣意）な怒り・腹立ちがもとではじまったもので、すべてが恣意に終始することは言うまでもないことです。

法然門下に入門してまだ五年、中ほどの位置にあった親鸞聖人の越後への流罪の理由は、恵信尼公との結婚にあったと思われます。

法然上人のお言葉を集めた『諸人伝説の詞』という著書があります。そこに次のお言葉があります。

現世を過ぐべき様は、念仏の申されん様に過ぐべし。

と。われわれの生活のあり方において、「お念仏の申しやすい環境で暮らしなさい」、と法然上人は言われるのです。たとえば、「結婚した方がお念仏申しやすいのであれば結婚しなさい。独身のほうが念仏申しやすいのであれば独身で過ごしなさい」とも。法然上人は、お念仏を最優先に考えておられたのです。

親鸞聖人は流罪以前に、摂政関白・九条兼実の娘・玉日姫と結婚されていたと伝えられていました。しかし、一九二一年（大正一〇年）、本願寺の宝物庫から『恵信尼文書』（書状十通）が発掘されるのです。夫・親鸞聖人が亡くなった知らせを受けて、本人自身が末娘・覚信尼へ書き送った書状の出現です。

それに対し、九条家の系図や九条兼実の日記からは玉日姫の記述が見受けられないのです。それまでは自明のこととされていた玉日姫伝説は白日夢のごとく消えていったのでした。

恵信尼公は越後国の豪族・三善為教《みよしためのり》の娘、京都の九条家へ見習いとして仕《つか》えておられ、そこで親鸞聖人との出会いがあったといわれています。法然上人と九条兼実は篤い親交があり、九条兼実の強い要請を受けて法然上人は『選択集』を著わされたのです。

法然上人のお供として、親鸞聖人も九条家へ出向かれる機会があったに違いないと思います。そこでの出会いが、やがて結婚へと連動していったのでしょう。親鸞聖人と恵信尼公との結婚の時期について、京都説と越後説がありますが、京都説が自然のような気がします。

冒頭で、外部からの無益な批判を避けるために「七箇条制誡」が作成されたことについて記しました。親鸞聖人は八十七番目に「僧綽空」と署名されたことも。なぜ「僧」を実名の頭に記されたのか？　ご自身はそのことについてはどこにも触れておられませんが、裁く側としてはあくまで「官僧」と受け止めます。

「官僧」とは国家公務員を意味します。当時、「官僧」を規定する「僧尼令」という法律があり、国家の安寧秩序を祈ること、そして、肉食妻帯をしないことが義務づけられていました。

ご自身の思いは別にして、「僧綽空」と署名しながら、堂々と「僧尼令」という法律に背くありようが、裁く側の感情を逆なでする結果になったのでは？。法然門下における立場を超えて、親鸞聖人が「越後流罪」という極刑に遭遇された理由をそのように推測するのです。

◆　○　◆

弾圧をぐることによってはじめて見えてきたもの、それは、他者の「いのち」や生活の権利を平気で奪うこの国の国家権力のありようと、国家に隷属し、その走狗と堕《だ》す「官僧」の実態でした。親鸞聖人は、『唯信鈔文意』に

れふし・あき人、さまざまのものは、みな、いし・かはら・つぶてのごとくなるわれらなり。

と述べておられますが、流罪地において「いし・かはら・つぶてのごとく」虐《しいた》げられている被差別の人々との遭遇は、自らの立場と重ね合わせながら、その人々とともに連帯し、立ち尽くしていく地平を「われらなり」と宣言されているのです。

そして、このような人々こそ如来の本願に遇い、うなずく身になることによって、まっ先に「こがね」(黄金)に変わらなければならない人々だとも。虐《しいた》げられている存在を「こがね」と見いだす人間観は、新たな出遇いによって、「親鸞」

という名のりとなったのでした。
「親鸞」という名のりは、七高僧の第二祖・天親菩薩の「親」と第三祖・曇鸞大師から「鸞」をいただかれたものです。ただ、「綽空」から「親鸞」へ改名された時期の明確な記述はありません。
両者は『浄土論』（天親菩薩）、その注釈書である『往生論註』（曇鸞大師）によって、如来から我々すべての人々にいただきものがある（＝他力回向）ことを示されるのです。そのことを親鸞聖人は、『お正信偈』の曇鸞章に
往還《おうげん》回向《えこう》由他力　正《しょう》定《じょう》之因唯信心
（往還の回向は他力による。正定の因はただ信心なり。）
と、「往相《おうそう》回向」・「還相《げんそう》回向」の二つのいただきものがあると。それは、如来の教えを聴聞し、学ぶことによってはじめてうなずく（＝信心）ことができるのだ、といわれるのです。いただいたものの内容について、続いて

惑染《わくぜん》凡夫信心發《ほっ》　證知生死即涅槃《ねはん》

（惑染の凡夫、信心を發《ほっ》すれば、生死すなはち涅槃なりと証知せしむ。）

と。如来の教えを聴聞することによって、煩悩をかかえたまま、はじめて「如来」（＝涅槃）をいただいていることに気づかされるのです。

如来から、如来と等身大の「如来＝涅槃」をいただいた記憶のある方はおられないと思います。親鸞聖人はそのことについて、『一念多念証文』に

如来の本願を信じて一念するに、かならずもとめざるに無上の功徳を得しめ、しらざるに広大の利益を得るなり。（中略）もとより不可思議の利益にあづかること、…。

と記しておられますが、わが思いをこえて、「もとめざるに」・「しらざるに」・「もとより」如来をいただいていたのです。それを「往相回向」と言います。

◆　○　◆

「承元の法難」という、言語道断なできごとに遭遇することによって「僧綽空」をあらため、「親鸞」への名のりは、「浄土真宗」の眼目は、如来の人間観をわが人間観にいただくこと（往相回向）の確信であった、と思います。

もうひとつ、「還相回向」もいただきものでした。それは、如来の人間観をわが人間観にいただくことだけでなく、わたし以外の人にも、そのことを伝えることなのです。それを「伝道」といいます。

「往相回向」と「還相回向」は、信心の表裏です。親鸞聖人の如来の人間観へのうなずきは、流罪が赦免になりますと、東国への「伝道」の旅がはじまります。それは、九十年の生涯を貫いてのいとなみでした。

（74号　二〇一六・八・十一　発行）

二四　もうひとつの道

「デカンショ節」という明治の流行り歌をごぞんじでしょうか？　特別誰かに習ったわけでもないこの流行り歌を、戦後を生きる中でいつしか記憶し、歌っていました。その歌は、

デカンショ節

〽デカンショウ　デカンショウで
半年暮らす　よいよい
あとの半年や寝て暮らす
よおーい・よおーい　デッカンショ

といった歌詞です。

「デカンショ節」は、兵庫県篠山《しのやま》市のお盆のくどきに、明治に入ってつけ加えられたものと思われます。

「デカンショ」とは、近代哲学の父と言われた「デカルト」(フランス)、近代哲学の巨人と称された「カント」(ドイツ)、そしてショウペンハウエル(ドイツ)のヨーロッパの近代哲学者の名前の頭の部分をもじってつなぎ合わせ、造語されたものです。

デカルトの「我思う。ゆえに我あり」という有名な言葉があります。それは、人間の自我を肯定し、すべての出発点としたことです。彼らより後の人で、「神は死んだ」といったドイツの哲学者「ニーチェ」も人間中心・個人主義を主張します。

日本より早くに近代を迎えていた欧米に「追いつけ・追いこせ」が明治維新下のスローガンであり、文明開化のひとつであったのです。そんな思潮のなかで

「デカンショ節」は誕生したと思われます。

あらためて申すまでもなく、日本の近代は戦争の歴史でした。その歴史の主役は国民ではなく、思うがままにこの国と国民をあやつったのは一握りの権力者でした。国民はその権力者の道具でしかなかったのです。太平洋戦争下、フィリピンの戦火に散った詩人・竹内浩三の日記の片すみには、

アア／戦争ヤアワレ／兵隊ノ死ヌルヤアワレ
国ノタメ／大君ノタメ／死ンデシマウヤ／ソノ心ヤ

と、書きとめてありました。

満州事変から太平洋戦争の終結（ポツダム宣言の受諾）までの十五年間にわたる戦争は、敗戦によってようやく終止符がうたれたのですが、戦後になっても人間のもつ自我の讃歌である「デカンショ節」は脈々と歌い継がれ、自身もその一人になっていたのです。

◆○◆

敗戦によってわれわれが獲得した最大の財産は、「国民主権」・「基本的人権」・「平和主義」（戦争放棄・武力の不保持・交戦権の否認）を謳《うた》った「日本国憲法」です。この憲法を保持したがゆえに、戦後七〇年を過ぎる今日まで、曲がりなりにも戦争に巻き込まれることがなかったのです。

「日本国憲法」がもたらした恩恵は確かに大きなものがあったといいうるのですが、それを裏打ちするわれわれ国民の側の実質は？と問われると、きわめて危うい情況にあると思います。

ご記憶のことと思いますが、昨年の十一月から十二月にかけて、川崎市のある老人ホームの四階から八十七歳の男性、八十六歳の女性、九十六歳の女性三人が転落死という事件が起きました。事件はいずれも介護士Aの夜勤の時に起き、三件とも彼が第一発見者だったのです。

三人とも転落死ではなく、「言うことを聞かない」・「介護に負担がかかる」という身勝手な言語道断な理由で、介護士Aが一・二メートルの柵《さく》を越え、四階のベランダから投げ落とし、殺害した事件です。

二つ目の事件は、今年の七月二十六日、相模原市の障害者の介護施設で起きた事件です。

その施設に職員として勤務していたという男性B。深夜にガラス戸を壊して介護施設に侵入し、十九人を次々にナイフで刺殺、二十七人に重軽傷を負わせるという極悪極まりない事件を起こしたのです。

二十世紀の悪魔といわれたドイツの独裁者ヒトラーからの啓示があったといい、男性Bは殺害予告までしての犯行だったのです。障害者に対する人間観は、まさに悪魔そのものです。

三つ目の事件は、今年九月に横浜市K病院で起きた事件です。入院患者のHさん（八十八才）が亡くなるのですが、点滴の中に有毒な界面活性剤が混入されていることが判明。二日前に亡くなったNさん（八十八才）も同様に殺害されたことが判明するのです。

殺害の方法は、点滴袋のゴム栓にはられた保護シールに注射針を刺して界面活性剤を混入さるという手口。それは医療従事者の犯行しか考えられないことであり、内部の犯行であろうといわれております。

K病院の四階は終末期の患者さんが入院されている病棟で、二人が亡くなる前の七月から九月の二か月間で五十人もの患者さんが連続して亡くなっているのです。不審な死が続くこの病棟を「呪われた四階」と呼ばれていたそうです。この事件の犯人はいまだ検挙されてはおりませんが、命を救うはずの病院が、患者の命が奪われる舞台となったのです。

この三つの事件は、いずれも神奈川県で起きた事件ですが、高齢者や障害者の介護が社会化される中で、同様の事件が日本各地で起きているのです。

「老人ホーム」や「障害者施設」、いわんや「病院」においては、入居者や患者の人権が最も保障されなければならない場所です。なのに最も人権が保障されない場所になってしまったのです。高齢者や障害者の「生存権」は絵に描いた餅でしかなかったのです。

テレビの健康番組で、高齢者の死は「ピンピンコロリンが一番」と、あるタレントが語っておりましたが、この国には「ぽっくり信仰」が蔓延し、高齢者や障害者の存在など完全に切り捨てられているのです。

◆○◆

あらためて、この国の近・現代は「基本的人権」を裏打ちする普遍的な思想的立場が育たなかったことだけは確かなことのようです。それは一人ひとりの精神の内側の問題であり、普遍的宗教の受け止めにかかわることなのです。

論点が飛躍するようですが、敗戦後、ドイツが東・西に、朝鮮半島が朝鮮戦争後に韓国と北朝鮮に分断されたように、日本も分断統治がもくろまれたのです。

それは、

① 北海道・東北地方→ロシア

② 関東地方・中部地方・北陸地方→アメリカ

③ 中国地方・九州地方→イギリス

④ 四国地方→中国

の四分割です。

戦勝国は、競うようにしてその利権を欲するのです。日本も、その渦中にあったことは言うまでもありません。もし、それが現実となっていたとしたら、現在とはよほど異なった状況になっていたと思います。

日本の四分割の統治案の渦中で、第二次世界大戦の連合国の対日講和会議である「サンフランシスコ講和会議」（一九五一年九月）が開催されました。加えて、損害賠償を求める声が渦巻く中で、当時、イギリスの統治下にあったセイロン（現スリランカ）のジャヤワルダナ代表の演説があったのです。その趣旨は、

セイロンは、幸いに侵略は受けませんでした。しかし、空襲による多大なる損害、大軍の駐屯《ちゅうとん》による損害、加えて我国は、自然ゴムの唯一の生産国です。そのゴムの樹液採取に多大なる損害が生じました。損害賠償を要求する資格を我国は有しています。しかし、我国はそうしようとは思いません。なぜなら我々は大師（ブッダ）の言葉を信じていますから。

【大師（ブッダ）のメッセージ】

憎悪《ぞうお》は憎悪によって消え去るものではなく、
憎悪は愛によってのみ消え去るのである。

私は、この会議に出席する途中、日本を訪問しました。その際に、日本の

指導者・大臣の方々からも、市井の人々からも、寺院の僧侶からも、平和の大師（ブッダ）の影響下にあることを確認しました。われわれは、日本に機会を与えてあげねばなりません。

と述べられ、セイロンの対日賠償請求権の放棄を宣言し、日本の国際社会への復帰を希求し、演説を終えられたのです。

ジャヤワルダナ代表の演説は、自国の利権にのみこだわる国々を説得し、ソ連・ポーランド・チェコスロバキヤを除く他の交戦国すべてが日本からの賠償を放棄し、四分割しての日本統治の案を含め、戦後処理のすべてを解決する方向へ導いたのでした。そして、「サンフランシスコ講和条約」が締結されたのです。

ジャヤワルダナ代表のブッダの言葉を引用しての名演説がなかったら、日本という国は存在していなかったかもしれません。

◆　○　◆

感情は自己中心、他者（相手）のことなどどうでもいいのです。そこにあるのは「裁き」しかありません。日本の「四分割統治案」のように、相手をズタズタに切り裂いていくのです。

日本は、サンフランシスコ講和会議におけるジャヤワルダナ代表の演説による恩恵は確かに享受しております。しかし、ジャヤワルダナ代表の根底にあるブッダの精神を、われわれは共有しえているでしょうか？　もしかして、この国は、ジャヤワルダナ代表のことのすべてを記憶の外に投げ捨てているのかも…。

（75号　二〇一六・十一・一　発行）

二五　如来の願心

小柄ではありましたが、声が大きく、よく通る声でご法話をされる「Sさん」という人気のある布教使の方がおられました。お歳は前住と同じくらいでしたから、生きておられれば一〇〇歳を少し越えられるくらいですが、脳梗塞を患われ、大分前に亡くなったと聞きました。

S布教使さんは前住と同年代ということもあって、心安くご法話をお願いしていたようでした。そのS布教使さんのご法話の中で、あの物理学者であるアインシュタインの訪日（一九二二＝大正一一年）における逸話を紹介してくださっていたのを思い出します。

アインシュタインは訪日に際して、是非たずねてみたいことがあったんだそうです。それは「仏教について学びたい！」ということだったそうです。

どうして決まったかは定かでありませんが、白羽の矢が立ったのは、真宗大谷派の僧侶であった近角常観《ちかずみじょうかん》（一八七〇〜一九四一）という先生でした。

◆○◆

お二人の対談の中で、アインシュタインは、「仏さまはどんなお方ですか？」と尋ねられたそうです。その質問に、近角先生は「姥《うば》捨て山」の伝説を例にあげてお話しされたそうです。

日本のある地域では、一定の年齢に達したら、「口減《くちべ》らし」のために山に捨てられるという風習があるという、ご周知のあの話です。

村の農夫は、その年齢に達した母親を、掟《おきて》に従って姥捨て山に捨てに行くことになりました。母を背負い、姥捨て山に向かいます。

その道中、背中に負われた母親は、木々を折っては道に捨てていくのです。その様（さま）に気づいた若者は「母親が、その枝をたどって帰るための道しるべかも？」と思ったのですが、若者は、なお山奥深くへ歩を進めていきました。

とうとう若者は姥捨て山の目的地にたどり着きました。若者は、母親を背中からおろし、別れを告げて帰ろうとしました。

その時、母親は息子に向かって、「いよいよこれがお前との最後の別れ、迷わず無事に家に帰っておくれ。身体には気をつけてな、みな仲良うに暮らすんだよ！」と。そして、「お前が帰るのに、道に迷わないように枝を折っておいたから、それを目印に帰るんだよ！」。そう言って、母親は息子に手を合わせるのです。

母親のその姿を見た若者は、その場に泣き崩《くず》れるのです。母親を山奥深くに捨て去る自分。その自分に、両手を合わす姿に、息子は思いをひるがえし、再び母親を背負《せお》って山を降りたということです。

近角先生は、「この母親の姿こそ、仏さまの姿なのです。」とアインシュタインに話されたそうです。アインシュタインは、「素晴らしい教えに出会えた！」と近角先生の法話に感動し、帰路に着かれたそうです。

◆○◆

近角先生のこの「棄老伝説《きろうでんせつ》」のお話は、母親を山奥深くに捨てようとしているわが子に対し、わが身のことは抜きにして、親の子を思う情愛…。その情愛をとおして、仏さまの真実心を伝えようとされたのでした。

そして、ここで語られる母親と息子の関係は、あらためて申すまでもなく、阿弥陀さまと自分との関係を表しているのです。

親鸞聖人は、『浄土和讃』に

十方微塵《みじん》世界の

念仏の衆生をみそなはし

摂取《せっしゅ》して捨てざれば
阿弥陀となづけたてまつる

と、和讃くださっています。そして、「摂取《せっしゅ》」に、
摂《おさめ》めとる。ひとたびとりて永く捨てぬなり。摂《せっ》はものの逃ぐるを追はへ取るなり。摂《せっ》はをさめとる、取《しゅ》は迎《むか》えとる。

と、左訓《さくん》しておられます。いかなることがあっても抱《いだ》き取って捨てない、それが阿弥陀さま（真実心）なのです。

真実心に遇《あ》うことをとおして、はじめてわが愚行《ぐこう》に気づかされるのです。それがなかったら、わが思いや、規制のありようを問い返すものがありません。したがって、ひたすら状況のままに・わが思いのままになってしまうのです。

◆　○　◆

姥《うば》捨て山の「棄老《きろう》」の話は、日本中のどこにも存在しなかった話で、伝説にと

どまっている話ですが、この国には「棄民《きみん》」の話は山とあるようです。

早いもので、東日本大震災から三年が経過しました。「震災」と「津波」の被害、それに福島原発の爆発事故が加わりますから、三重の被害です。

福島原発の爆発事故よって避難生活を余儀なくされている方たちは十数万人とか。復興どころか、「ふるさと」を追われ、帰るあてのない避難生活を余儀なくされている方たちのことが脳裏をかすめます。

福島原発の爆発事故によって、原発の「安全神話」は吹っ飛び、途方もない危険物であることが露呈したはずなのに、「想定外」ということばひとつで責任が無化され、「犯罪」がうやむやにされているのです。

「原発」が、日本において最初に建設されたのは、「東海原発」（茨城県東海村）です。一九六〇年着工、一九六六年に運転が開始されました。

今は失ってしまった資料ですが、「東海原発」の炉心部分の仕事を担ったのはアメリカの黒人労働者だったのです。当時、アメリカは失業率が高く、貧困にあえぐ人々が多かったものですから、そこに眼をつけ、わざわざアメリカから雇って来て、被爆の高い労働に彼らを当てたのです。そのスクープ記事に接した時はショックでした。五〇年も前のことですが、その写真も記憶の中に残っておりす。それから「原発」は日本国中に建設されつづけていきました。その数は、五十四基にものぼるのです。

一九七九年に発行された『原発ジプシー』という著書が手元にあります。ルポライターの堀江邦夫という方が、原発労働者として「原発」の内部に入り、その労働のさまを表されたものです。その「あとがき」に、

社会的に生み出された下請労働力を積極的に取り込み、利用し終えると「棄民」化するという構図は、原発だけでなくコンビナート等もまた同様のものをもっている。だが、原発とコンビナートとは決定的な相違点が一つあ

る。それは、原発が吐き出す「棄民」は、放射線をたっぷり浴びた「被ばく者」となっていることだ。原発内の労働が、作業量でなく、放射線を浴びることがノルマになっているという事実からすれば、労働者を「被ばく者」とすることは、むしろ前提条件でさえあるのだ。

と述べておられます。原発は、被ばく労働者を生む装置であり、「安全」などというものとは対極にある装置なのです。

◆○◆

姥《うば》捨て山の「棄老」は、その犯罪性に「棄老」する本人が気づくことができたのですが、原発に関しては悲しいことにそれがないのです。

誰かを犠牲にし、「棄民」することによってしか成り立たないとしたら、それはあってはならないのです。「戦争」もそうです。してはいけないのです。

この国には、そのような基本が風化してしまっているようです。近角常観先生が、アインシュタインに話された姥捨て山の「棄老」の話は、基本に立ち返るたったひとつの道を示されたのです。

それは、誰をも犠牲にしない、手をたずさえあい、共生していくことを基本にすることなのです。わが思い（自力）ではない、姥捨て山の「棄老」される母親の如き、われあらざる真実心（如来の願心＝他力）にひたすら耳傾けることだったのです。

（67号　二〇一四・四・十二 発行）

二六　「老い」の一大事

東京オリンッピクや新幹線敷設等々、「高度経済成長政策」が推し進められていく中、その労働力は地方に求められました。そのあり方は、「出稼ぎ」と言われたように、生活の基盤を地方においてのものでした。

言うまでもなく、その担い手は「父ちゃん」でした。一方、地方農業の就労は「母ちゃん」・「爺ちゃん」・「婆ちゃん」が担わざるを得なくなります。それを「三ちゃん農業」とも言われました。

生活の基盤を地方においた「出稼ぎ」も、何時しか「父ちゃん」は、「母ちゃん」を伴って生活の基盤を都市へと移されていきました。

長い歴史をかけて築かれてきた「家族制度」、それが一っ気に崩れ、「核家族化」していったのです。産業構造も田畑や山林、海が生産基盤でしたが、「工業化」へと移行していったのです。

時は流れ、経済のさまは次第に停滞し、「少子・高齢化」の波が押し寄せます。地方の高齢者の人口比率は増加し、「限界集落」（六十五歳以上の高齢者が五十％以上の集落）という造語も生まれました。加えて、日本全土に老人の「核家族化」も進行し、一人住まいの老人も増加しているのです。

二〇〇〇年（平成十二年）四月から「介護保険制度」が実施されました。四〇歳を迎えた日本の国民は「介護保険」の納付義務が生じます。それまでは、老人の介護はそれぞれの家庭に委《ゆだ》ねられていましたが、その枠を取り除いて「介護の社会化」が試みられたのです。

◆　○　◆

わが両親の介護は、「在宅介護」を基本としつつも、この「介護保険制度」の恩恵を受け、今生を終えていきました。両親の介護から解き放たれると、いつしかわが身に「老い」がどっと押し寄せていることに気づかされるのです。

どなたであったか、

身近にあって、人生最大の先生は両親である

とおっしゃった、その謂《い》いを思い起こすのですが、年齢《とし》を重ね合わせながら、その当時の両親の心身のありようを偲《しの》ばせてもらうのです。

今、お寺の掲示板に

老いとは

断念の　足跡である

と、墨書しております。若い時は、たとえ障害を背負ったとしても治るのです。しかし、老いとともに「治らない障害」が増していきます。その時々に断念の疼《うず》きがあるのです。「あのときは、そうであったか？」と、わが身の痛みをとおし

て親を偲ぶのです。

両親は言うに及ばず、老いを引きずりながら、念仏にうながされ、「老い」の身を引き受け、それを超えていかれた先人に引き寄せられるのです。そのお一人、八十三歳（一九三二年）で今生を逝き終えた、島根県温泉津町出身の浅原才市は、

有難や　年令をますほど
よろこび　増すよ
ご恩うれしや　なむあみだぶつ

という詩を詠んでおります。

年令を経るとともに機能の上では衰えますし、障害も増えます。才市も例外ではなかったはずです。そうであっても「よろこび　増すよ」と詠んでいるのです。

才市は次のような詩も詠《よ》んでおります。

よろこびは　床の中

床の中こそ　弥陀の中
弥陀の中こそ　南無阿弥陀仏

「床の中」でも、その「よろこび」を確認しているのです。わが身が老い衰えている事実の中にあっても、才市には、もう一つの心が成立していたのです。それは、「聴聞」という営みによってはじめて誕生した「新たな人間観」、その「人間観」が「よろこび　増すよ」と受け止めることのできる世界を開いたのです。

◆○◆

昨今のテレビや日本の風潮において、老人に求められているのは「老いない老人」であり、「健康を保ち続ける老人」のようです。

テレビの健康番組で、死のさまは「ピンピンコロリンが一番！」と、露骨な表現がされ、健康幻想をまき散らしています。また、この国には「ぽっくり信仰」が存在し、バス・ツアーが組まれ、多くの方が寺社へお参りされているとか。障害を背負ったり、寝たっきりであったりすることへの差別意識が働いているように思います。

浅原才市には「老い」に対してあらがったり、避《さ》けたりするのではなく、それを素直に引き受ける自然さがあるように思います。そのような位相へ導いたものこそ親鸞聖人の念仏であり、たゆまぬ「聴聞」だった、そう思います。

親鸞聖人、八十六歳のころにあらわされた『正像末和讃』に、

如来の作願《さがん》をたづぬれば
苦悩の有情をすてずして
回向を首としたまひて
大悲心をば成就せり

という和讃があります。「回向を首」とは、「回向」を一番大切なもの、あるいはそれを第一として如来の大悲心は出来あがっている、という意味です。したがっ

て、親鸞聖人の宗教的核心を一言でいうと、「回向」・「他力回向」だといいうるのです。

その「回向」について、『一念多念証文』に

「回向」は、本願の名号をもって十方の衆生にあたへたまふ御のりなり。

と述べておられます。「回向」とは、如来から、この身にあたえてくださったものがある、という意味です。われわれの側からいえば、いただいたもの・もらったものがある、ということです。

しかし、何かを「如来から与えられた」とか、「いただいた・もらった」などという記憶がある人は一人だっておられないと思います。そのことについて、やはり『一念多念証文』に

如来の本願を信じて一念するに、かならずもとめざるに無上の功徳を得しめ、しらざるに広大の利益(りやく)を得るなり、(中略)もとより不可思議

の利益にあづかること、自然のありさまと申すことをしらしむるを法則とは
いふなり。

と。如来の本願にであい、うなずく身になったならば、「もとめざるに」・「しらざるに」・「もとより」、わが思いを超えた「無上の功徳」・「広大の利益」をいただいていることに気づかされるのだ、と。

親鸞聖人は、「無上の功徳」・「広大の利益」の内実を「涅槃」とも「如来」ともいわれています。今流のことばに置きかえれば、「人間の尊厳」ということでしょうか。

人はみな、絶対平等にして、絶対尊厳を宿している。

といわれた方（高尾利数）があります。

「自然のありさま」とは、風景とか環境といった意味ではありません。読みかたは、「しぜん」ではなく「じねん」と読みます。人は皆、わが思いを超えてお

のずから・もとより「如来」を「絶対尊厳」を宿しているという意味です。それが「自然の法則」なのです。

『自然法爾章《じねんほうにしょう》』に

弥陀仏は自然のやうをしらせん料《りょう》なり。

と、親鸞聖人は示しておられますが、その「自然のやう（様）」・「自然の法則」をわれわれに知らせるには「手立て」（料）が必要ですし、「ことば」が必要です。この身の存在の事実を知らせる「ことば」、それが

南無阿弥陀仏

なのです。「南無阿弥陀仏」は、弥陀仏のわれわれに、必死に呼びかける叫びにも似た「呼び声」なのです。

「南無阿弥陀仏」は、インドの「ナーモ・アミダ・ブッダッハ」ということばを中国で音訳されたものです。したがって漢字から意味は読み取れません。それ

を日本語に置き換《か》えると

　ねうちなき「いのち」などありません。人はみな、「如来」をいただいているのです。その事実にうなづき、「浄土」を拓《ひら》く一人ひとりになってください。

と。それが「南無阿弥陀仏」の意味です。

◆○◆

浅原才市は、その詩の中に

　みだの成仏　わしが成仏
なむあみだぶつ　なむあみだぶつ

と詠んでいます。「みだの成仏」は、単なる逸話・寓話で終わってはいないのです。それは、「わしが成仏」があきらかになったことなのです。そのことを、

　ええな　世界虚空《こくう》がみなほとけ

わしもそのなか　なむあみだぶつ

と。「わし」という存在の事実を「聴聞」によってはじめて「そうであったか！」と気づかされ、その事実にうなづくことができたのです。

「老い」は、どうやら「いのちの事実」にであいうる最後のチャンスであり、かけがえのない大事なときでもあるのだと思います。その意味で「老いの一大事」なのです。

才市は

わがとなへ　わがきくなれど
これはこれ
われをたすくる　みだのよびごゑ

とも詠《よ》んでいます。

（76号　二〇一七・八・一〇 発行）

二七　往生と成仏

ご門徒のお仏壇の前にあるお経机の上には、黒い箱が置いてあります。その箱の中には『御文章』が入っているのです。

『御文章』は、親鸞聖人から数えて八代目、「中興の祖」と仰がれてきた蓮如上人（一四一五年〜一四九九年）が、ご門徒に書き送られたお手紙です。そのお手紙は五帖八十通を数えます。その中から「聖人一流章」とか「末代無知章」とか「信心獲得章」、「白骨章」等々、読み慣れたお手紙を五帖目の一冊にまとめ編集されたものが、今・現在ご門徒のお家にある『御文章』なのです。

また、私たちのおつとめ（勤行）の多くは『正信念仏偈和讃』を用います。『正信偈』も『和讃』も親鸞聖人が著《あらわ》されたものです。この両者にお念仏を挟《はさ》んで、リズムと音階をつけ、おつとめできるようにしてくださったのが蓮如上人でした。

蓮如上人ご自身も

これはわが一宗の開山（親鸞）のすゝめたまへるところの一流の安心のとほりを申すばかりなり。

（御文章三―2）

との思いが生涯を貫いてありました。

◆　○　◆

蓮如上人が亡くなって、今年（二〇一七年）は五〇八年目になります。そんなに時が経過していても『御文章』の影響力は大きく、ご法座の締めくくりは、ご講師さんの

肝要《かんよう》は御文章！

のことばによって『御文章』が拝読され、ご法座が終わるのです。「肝要は親鸞

聖人のご消息（手紙）です！」でも、「肝要はご和讃です！」でもないのです。親鸞聖人が明らかにされた「浄土真宗」と、蓮如上人のそれはイクオールで結べないことは申すまでもないことなのです。しかし、実際は蓮如上人の信仰の受けとめに、無理やり親鸞聖人を重ね合わせているのがわが教団の実際なのです。

蓮如上人の「信」の内実は、

上は大聖世尊（釈尊）よりはじめて、下は悪逆《あくぎゃく》の提婆《だいば》にいたるまで、のがれがたきは無情なり。（御文章三―4）

と言われるように、「無情」すなわち「死」は、誰ひとり逃れることのできない共通の課題である、と。したがって、

たれの人もはやく後生の一大事を心にかけて、阿弥陀仏をふかくたのみまゐらせて、念仏申すべきものなり。（御文章五―16）

と、「白骨の御文章」に示されるのです。「後生の一大事」とは、来世の浄土に往

生することと、そのことが人間にとって最大の課題であると言われるのです。

ただねがうべきは極楽浄土、たのむべきは弥陀如来。（御文章三―4）

とも。

さらになにの造作もなく一心一向に如来をたのみまゐらする信心ひとつにて、極楽に往生すべし。あら、こころえやすの安心や。また、あら、ゆきやすの浄土や。（御文章二―7）

と、弥陀如来におまかせする（＝たのむ）一念で、いのち終わるとき、往生浄土が可能なのだ、と。

その信心といふはなにの用ぞといふに、無善造悪《むぜんぞうあく》のわれらがやうなるあさましき凡夫が、たやすく弥陀の浄土へまゐりなんずるための旅立ちなり。この信心を獲得せずは極楽に往生せずして、無間地獄に堕在(だざい)すべきものなり。（御文章二―2）

と、明言されるのです。「無間地獄に堕在」するなどと、少々オドロオドロシイ話しに展開しているようです。

◆〇◆

ほとんどの宗教が「堕地獄」の思想を抱え込んでいます。「世界宗教」であるキリスト教もイスラム教も仏教も然《しか》りです。「前世」・「現世」・「来世」という三世の存在をまず肯定するのです。

「現世」という社会空間は「この世」であり、まごうかたなく存在し、今、そこに生きています。しかし、「前世」・「来世」という社会空間が「この世」と繋がって存在しているということなど、あろうはずもないことです。

なのに、三世の存在を自明のこととし、三世を通底する何かがあるというのです。三世を通底するそれは「霊魂」だというのです。その「霊魂」が三世を往《い》ったり・還《かえ》ったりするというのです。

「世界宗教」がそうであれば、「民族宗教」や「新興宗教」がその呪縛《じゅばく》の中にあることは申すまでもないことです。なぜあろうはずもない「前世」とか「来世」とかといった社会空間を想定したのでしょうか？　それは「死」に対する怖《おそ》れが、「この世」と連続する死なない地続きの世界を生み出したのでしょう。

蓮如上人は、「霊魂」が来世に往生するとはおっしゃってはいませんが、往生する「何か」（主体）があることになります。もちろん地獄に堕ちる「何か」もあることになります。

インドは今もそうですが、釈尊当時もヒンドゥー教が支配的でした。そのヒンドゥー教の経典（リグ・ベェーダ）には、四つのカースト（種姓）が説かれています。それは、①バラモン（祭管）、②クシャトリヤ（王族）、③ベエイシャ（商人・農民）、④シュウドラ（隷民）の四姓です。この四姓以外に、人間として認められない「アウト・カースト」の存在もあるのです。

差別を自明のこととして肯定するヒンドゥー教は、いうまでもなく三世因果を説き、「霊魂不滅」を説くのです。

釈尊は、そのような「霊魂」の存在を認められはしませんでした。「霊魂不滅」などといった固然としたものなど、あろうはずもありません。この世のすべてが「空」・「無我」なる存在なのです。

わが身を考えても、すべてが「空」・「無我」なる存在であるがゆえに、変化し続けてきたのです。そして、老いたわが身の現在があるのです。誰しも「いのち」だけは不変であれ！と思いたいのですが、これも変化するのです。まごうかたなく、わが身も「無情」の中にあって、「いのち」を終えるのです。

そうであるがゆえに、

如来、（中略）世に出興するゆゑは、道教《どうぎょう》を光闡《こうせん》して群萌《ぐんもう》を拯《すく》ひ、恵《めぐむ》に真実の利をもってせんと欲《おぼ》してなり。

（仏説無量寿経・発起序《ほっきじょ》）

と、釈尊は述べておられます。如来が、この世にお出ましくださった理由は、仏の教えを広く説きあかし、すべての人々に「真実の利」を恵もうと思われたからにほかならないのです。その思いが「ご本願」の出発点になるのです。

すべての人々を一人残らず救うことができなかったならば、仏になりません。

と。その「ご本願」は、五劫という永いご思惟《しゆい》があったのです。そのご思惟によって、ようやくにして「ご本願」は成就《じょうじゅ》するのです。

◆　○　◆

親鸞聖人にとって、それまで伝統されてきた来世の浄土に往生することなど、甘受《かんじゅ》しえぬものでした。

『唯信鈔文意』に

れふし・あき人、さまざまのものは、みな、いし・かはら・つぶてのごとくなるわれらなり。

と記しておられますが、不当極まりないあの「念仏弾圧」。流罪地にあっては「いし・かはら・つぶてのごとく」虐《しいた》げられている被差別の人々との遭遇《そうぐう》。自らの立場と重ね合わせながら、その人々と連帯し、立ち尽くす地平を「われらなり」と宣言されているのです。

不当にも虐げられ、差別されている人々こそ、

よくこがね（黄金）となさしめん

と。その人々こそ如来のご本願に、まっぱじめに遇《あ》わなければならない人々だったのです。

『唯信鈔文意』に「即得往生」を釈して、

信心をうればすなはち往生すといふ、（中略）「即」はすなはちといふ、すなはちといふはときをへず日をへだてぬをいふなり。

と、如来の本願にうなずく「信心」が「往生」なのです。信心を得た人は、あらたな「往生」という主体（自分）をいただくのです。そのことを、親鸞聖人は『正像末和讃』（皇太子聖徳奉讃）に

他力の信をえん（た）ひとは
仏恩報ぜんためにとて
如来二種の回向の
十方にひとしくひろむべし

と、和讃くださっています。「如来二種の回向《えこう》」とは、「往相《おうそう》回向」・「還相《げんそう》回向」の二種です。「回向」とは、

本願の名号をもって十方の衆生にあたへたもふ御のりなり。
（一念多念証文）

と。「往相回向」・「還相回向」の二種とも如来からのいただきもの。いただいた

「往相回向」の内実が「本願成就」ということなのです。
石見の生んだ妙好人・浅原才市は、「本願成就」の内実を

弥陀の成仏

わしが成仏

なもあみだぶつ　なもあみだぶつ

と、詠《よ》んでいます。

ゑゑな　世界虚空《こくう》がみなほとけ

わしもそのなか　なもあみだぶつ

とも。すべての人々に「真実の利」を恵もうと「ご本願」がおこされ、ついに「弥陀仏」となられたのです。そのことは、「わしが成仏」だったのです。「わしが成仏」とは、すべての人々が「如来」と等身大の徳を、すでにたまわっていたのです。

「他力の信をえん（た）ひとは」、親鸞聖人がそうであったように、「往相回向」の内実を「十方にひとしくひろむべし」という「伝道」の世界へいざなわれていくのです。それを「還相回向」といいます。

「往相回向」も「還相回向」も「信心」・「往生」の内容であって、二種の回向は切り離すことのできない、一枚の紙の表・裏の関係にあるものなのです。

流刑地・越後に身をおいた「親鸞」というお方の「他力の信」は、抑圧され、差別にあえぐ人々の新たな「人間観」を拓《ひら》くものであり、「往生」も「成仏」も、死後の世界へ封じ込められるものではなかったのです。

（77号　二〇一七・四・十 発行）

二八　戦争と平和

この度の衆議院選挙における「希望の党」の惨敗は、党首である小池百合子東京都知事の「排除」という考え方に最大の要因があったといわれております。

周知のように、「民進党」と合流して衆議院選挙に臨むことになっていたようですが、小池党首は民進党議員の選別をしたのです。「排除」という選別の思想は、小池党首の傲慢《ごうまん》さが、上から目線が見抜かれたからだと思います。

一方、大勝した「自民党」についてのことです。それは、今、話題になっている森友学園のことです。この問題は、安倍首相の周辺のものがさまざまに気を使って、すなわち「忖度」（そんたく）して起きた問題に収斂《しゅうれん》されようとしておりますが、もっと大事な問題が抜け落ちているように思います。

森友学園の最大の問題は、小学校にも入っていない園児に、「教育勅語」を丸暗記させ、それを暗唱させているという事実なのです。

「教育勅語」の眼目は、

一旦緩急《いったんかんきゅう》アレバ義勇《ぎゆう》公《こう》ニ奉《ほう》ジ、以《もっ》テ天壌無窮《てんじょうむきゅう》ノ皇運《こううん》ヲ扶翼《ふよく》スベシ

というところにあります。「もし、非常事態が起こったならば、勇《いさ》んで国に仕《つか》え、天下に比類なき皇国の繁栄に尽くしなさい」という天皇の勅命《ちょくめい》なのです。

日本の近代は、

「日清戦争」（一八九四年・明治二十七年～）

「日露戦争」（一九〇四年・明治三十七年～）

「第一次世界大戦」（一九一四年・大正三年～）

「十五年戦争」（一九三一年・昭和六年～一九四五年・昭和二十年）

と、日本の侵略戦争が打ち続くのですが、日本国民は「皇国の忠良」たらんとし

て戦場へ赴《おもむ》くのです。「教育勅語」は、そのバックボーンだったのです。

かって、

敗戦三十三回忌

日本人犠牲者・三〇〇万人

中国人犠牲者・三〇〇〇万人

と、墨書して当山の掲示板に張り出したことがありますが、内・外の犠牲は計り知れないほどの甚大さ・莫大さなのです。

国権の中枢にある安倍晋三ご夫妻は、森友学園の園児に、侵略戦争の支柱となった「教育勅語」を丸暗記させ、それを暗唱させている事実を評価し・絶賛しておられるのです。

今一つ、この「忠誠」競争に加わらないものは、「非国民」というレッテルが張られ、「排除」されるということも存在してきたのです。

森友学園の問題の核心をちゃんと問題にしえない野党もダメですし、マスメディアもしかりです。

なぜ問題にしえないのか？なのですが、安倍晋三ご夫妻も含めて、この国の多くの宗教意識は戦前のままだからなのです。したがって、天皇教（神道）を「国民道徳」（非宗教）として受け入れておられるのだと思います。そこには、「人間の尊厳」を裏打ちする普遍的宗教が精神の内側に成立していないことの証でもあるのです。

「国権の質は、国民の質に比例する」といった方がありますが、やはり国民の質がすべてを決定するのだと思います。その意味で親鸞聖人の「お念仏」を学んでいく営みは、必要不可欠のことなのです。

終りに、二十三年前になりますが、当山の「敗戦五十年全戦争犠牲者追悼法要」の折に書いた「表白文」を見つけました。それを掲載して稿を擱《お》きます。

敗戦五十年全戦争犠牲者追悼法要

表白文

今年は、敗戦から数えて丁度五〇年になります。時だけは半世紀を経過いたしましたが、時に流されることのない深い傷跡が私たちの心の中に今なお息づいております。

私は、ある一冊の著書から次のような和歌に出会いました。

戦争に／失いしもののひとつにて／リボンの長き麦藁帽子《むぎわらぼうし》

戦争とは無縁な少女にも、こんな「失いしもの」があったのです。まして、かけがえのない生命を犠牲とされた方々、そして遺族の方々の「失いしもの」の大きさ・重さ…。それは、「敵」として戦ったアジアの人々にもそれ以上のものを与えたことでした。「失いしもの」の大きさ・重さは、どれほど時が経過しても消え去るものではありません。戦争とは何と罪深いものなのでしょうか。その戦争は、間違いなく人間の業《わざ》だったのです。

私たちは、人間業《わざ》の悲しい十五年戦争を「敗戦」という形で終止符が打たれました。そのことによって、戦争を二度と再び繰り返さないあり方を獲得したのです。それが「日本国憲法・第九条」なのです。

そこには

国権の発動たる戦争と、武力による威嚇《いかく》の行使《こうし》は、国際紛争を解決する手段としては、永久にこれを放棄する。

と記されております。武力によってはいかなることも解決しないという、至極当たり前のことなのです。

しかし、敗戦から半世紀を迎えましたが、私たちは戦争を二度と繰り返さない「平和」を生み出す道筋に、一人ひとりが立つことができたでしょうか。武装放棄をうたったこの「憲法」も、次第に無化されていきつつあります。

そのような現在、あらためて「人間の尊厳」ということについて考えさせられます。「人間の尊厳」とは、
人間の生命は、国家を超え、民族を超えて一人の漏《も》れもなく、如来よりたまわった、如来と等身大の生命。

ということなのです。いかなることがあっても、奪ってはならない・犯してはならないかけがえのない尊い生命なのです。

その如来の人間観を、私たち一人ひとりの人間観にして生きようとするところにしか「平和」への道はないことを深くいたします。

私たちは敗戦五〇年を迎え、「全戦争犠牲者追悼法要」を厳修することを契機とし、お念仏を学ぶことの重大さを確認することです。同時に、この戦争で犠牲となられた方々の「失いしもの」の大きさ・重さを心に刻みながら「平和」を築

いていくよう、一人ひとりが歩みはじめることをここに誓います。

一九九四年八月二十七日

浄蓮寺住職　早川顕之

（78号　二〇一七・十一・二　発行）

あとがき

一九八三年（昭和五十八年）七月二十三日、石見地方を集中豪雨が襲ったのです。当山も本堂に土石流が流入。半壊の状態になりました。この惨状をご門徒に報告しなければなりません。膨大な土砂の搬出とともに「お寺からの便り」を書きはじめ、それから一年後、寺報『浄蓮寺通信』を創刊することにしたのです。

いつしか、被災から三年の歳月が経過。ご門徒の方々も被災されておられる中、「お寺の本堂をほったらかしにはできん！」という声が持ち上がってきました。その思いが次第に一つに結実して、三年計画で「本堂復興」への一歩を踏み出すことになったのです。

ご門徒の篤い思いに、大工さんをはじめ、それぞれの職人さんの仕事にも熱が入り、修復工事も順調に進み、完工まであとわずかです。

一九八八年（昭和六十三年）七月二〇日のことです。夕刻から降りはじめた雨は、衰えることなく振り続き、後に時間雨量一〇〇ミリを超える集中豪雨であったと報じておりましたが、再度裏山が崩壊し、本堂はまたして土石流に覆われておりました。再度の被災に、すべてのことばを失います。しかし、ご門徒の方々の再復興への意志は固く、再び、あきれ果てるほどの土礫との格闘がはじまりました。加えて、有縁の方々のご支援・ご尽力をいただき、再復興の緒に就くことができたのです。そして、十一月十六日〜十七日の両日、五年ぶりに当山の本堂で「報恩講」が勤まったのです。

こんな大災害にも遭遇し、また、体調を崩すこともあって、途絶えかけたこともありましたが、昨年、住職を退くまでの三十三年間・七十八号を発刊することができました。その中から無作為に取り出し、本書『「いのち」の輝き』に掲載させていただきました。掲載の順序も年次に従ってはおりませんし、意図のあるものでもありません。初出の年次は、各文の最後に掲載いたしました。

稿をおこすにあたっては、多くの方の著作、及びインターネットから資料をいただきましたことを付記させていただきます。

本書の出版にあたっては、永田文昌堂主・永田唯人氏のご快諾をいただくとともに、編集におけるすべての労を担っていただき、上梓の運びとなった次第です。衷心より篤く篤くお礼申し上げます。

最後になりましたが、ご門徒の方々をはじめ、有縁の方々の励ましに支えられての三十三年間でした。加えて、今は亡き両親、そして、孫たちも含めて家族の協力を山ほどいただきました。深甚の謝意を表し、「あとがき」とさせていただきます。

二〇一九年二月一日

早川顕之

著者紹介

早川　顕之
1943年　島根県に生れる
1966年　龍谷大学（真宗学）卒業
現在　本派本願寺派　浄蓮寺前住職

「いのち」の輝き　―もうひとつの親鸞論―

2019年2月15日　印刷
2019年2月25日　発行

著　者　早川顕之
発行者　永田　悟　京都市下京区花屋町通西洞院西入
印刷所　図書印刷 同朋舎　京都市下京区中堂寺鍵田町2
発行所　創業慶長年間 永田文昌堂　京都市下京区花屋町通西洞院西入
電　話（075）371-6651番
FAX（075）351-9031番

ISBN978-4-8162-4138-3 C1015